반역자와 배신자들

반역자와

이준호 지음

제2차
세계대전 속
논란의 인물들

배신자들

TRAITORS
AND
BETRAYERS

제10회 브런치북
특별상 수상작

눌와

일러두기

- 인명, 지명 등 외래어 고유명사는 국립국어원의 외래어 표기법에 따라 표기했다.
  단 일부 관용적으로 쓰이는 표기는 외래어 표기법을 따르지 않았다.
- 책·신문·잡지는《 》로, 글·영화·뮤지컬·방송프로그램·노래는 〈 〉로 표시했다.

프롤로그

제2차 세계대전은 인류 역사상 가장 많은 희생을 낸 전쟁이며 지금도 우리는 그 연장선 위에서 살아가고 있다. 전쟁의 결과로, 혹은 그 여파로 여러 나라가 독립했고 거기에는 우리나라도 포함되어 있다. 벌써 수년째 전쟁이 계속되고 있는 우크라이나의 상황도 그 기원이 2차 대전에 있다 해도 크게 틀리지 않다. 패전국 독일은 동프로이센과 슐레지엔을 영구히 빼앗기며 영토가 크게 줄었고 국민들은 모든 것을 다시 시작해야 했다. 소련에 동쪽 땅(서부 우크라이나와 서부 벨라루스)을 빼앗긴 폴란드는 대신 서쪽의 독일 땅을 차지하며 나라 전체가 서쪽으로 강제 이동했다. 미국은 초강대국으로 부상하며 세계의 경찰이 되었고 감당할 수 없는 국력 소모를 겪은 영국은 식민지들의 독립 요구를 무작정 외면할 수 없게 되었다. 또한 히틀러의 살인 수용소에서 살아남은 유대인들은 자신들의 국가를 건설하기 위해 본격적인 투쟁에 나서 이스라엘을 세웠다. 여기서 나열한 거대한 변화들조차 2차 대전으로 인한 결과의 일부에 불과하다.

전쟁의 규모가 컸던 만큼 여러 나라, 수많은 인간 군상들의 다양한 사연이 존재한다. 우리가 아는 대부분의 사례들은 조국을 위해 싸우고 자신을 희생한 애국적인 사람들의 이야기일 것이다. 하지만 자신의 나라 또는 진영을 벗어나서 상대편으로 넘어간 소위 '반역자' 내지는 '배신자'들도 있었다. 이들이 조국에 등을 돌린 이유는 너무나도 다양하지만 그 말로는 대부분 불행하였으며 전후 비난과 처벌을 받았다. 하지만 반대로 영웅 내지는 애국자로 위상이 반전된 소수의 사람들도 있다.

무엇이 이런 차이를 만들었을까? 우선 당시 전쟁에 참여한 각국의 역사적, 사회적 배경이 다양했다는 점을 들 수 있다.

영국, 미국, 프랑스 등의 서구 민주주의 국가들은 1차 대전의 승전국으로서 그 국가 구성원들 또한 엄청난 자부심을 가지고 있었다. 독일과의 여러 전투에서 프랑스를 구한 장군 필리프 페탱은 그 정점에 있는 인물이었다. 그는 명예로운 '프랑스 원수'로서 '위대한 프랑스'를 유지하기 위해 부단히 노력했는데 그러한 자신의 모습과 지위를 한껏 즐겼으며 사람들의 존경을 받았다. 하지만 그 달콤한 시간이 얼마나 오래 지속될지는 아무도 알 수 없었다.

반면 독일은 패전국으로서 이후 극심한 사회적 혼란을 겪었다. 종전이 이루어졌을 때 독일군은 여전히 프랑스 땅의 일부를 점령 중이었다. 많은 독일군들이 드디어 전쟁이 끝났고 살아남았다는 사실에 안도의 한숨을 내쉬었다. 하지만 귀족 출신 발터 폰 자이틀리츠-쿠르츠바흐나 행정가 출신인 카를 프리드리히 괴르델러 같은 독일군 장교들은 긍지 높은 독일 제국의 패배를 도저히 인정할 수 없었다. 이들은 조국 독일이 후방에서 반란을 일으킨 배신자들에 의해 패배로 내몰렸다고 생각했다. 이러한 독일인들의 분노와 반발이 눈처럼 모여 전후 독일 내 좌익 세력을 몰아내고 나치가 집권하는 데 큰 힘이 되었다. 하지만 병사 출신이었던 히틀러는 프로이센 귀족 출신 장교단과 구제국의 관료층을 그다지 신뢰하지 않았다. 양측에 뿌려진 갈등의 씨앗이 서서히 자라나기 시작했다.

한편 마를레네 디트리히 같은 자유분방한 바이마르 공화국 출신의 예술인들에게 딱딱하고 고리타분한 나치의 정책은 목을 죄어오는 것과 같았다. 재즈와 동성애를 금지하고 유대인 작가, 사상가들의 작품들을 불에 태우는 나치의 행태를 보며 디트리히를 비롯한 많은 독일인들이 조국과 '헤어질 결심'을 하게 된다.

거대한 러시아 제국이 무너지자 러시아 및 우크라이나는 백군(구제국파)과 적군(볼셰비키)의 내전 속에 유례없는 혹독한 시기를 맞고 있었다. 양측은 서로에 대한 극도의 증오 속에 치열한 전투를 벌였다. 적군에 속해 싸운 안드레이 블라소프 같은 시골 출신 청년에게 내전은 자신의 능력을 증명할 수 있는 도약대였다. 많은 전투에서 능력을 인정받은 그는 이후 세워진 '노동자와 농민의 나라(소련)'에서 군인으로 승승장구했다. 하지만 미래는 여전히 불투명했다. 블라소프의 최고 보스가 까다롭기로 악명 높았던 스탈린이었고 대숙청이 진행 중이기 때문이었다. 이때부터 소련 체제에 대한 그의 고민이 시작되었다.

한편 러시아 혁명 도중 볼세비키와 접촉하는 과정에서 극도의 반공적인 견해를 가진 서구인들이 생겨났는데 노르웨이 출신의 외교관이었던 비드쿤 크비슬링도 그중 한 명이었다. 그는 이후 평생 공산주의를 타도하고 조국 노르웨이에 대한 자신의 신념을 펼치기 위해 노력했는데 그 과정에서 선을 넘고 만다. 극단적인 독일의 나치와 연대하기 시작했고 종국에는 자기의 조국인 노르웨이보다 이들의 이념을 우선시한 것이다. 사람들은 그것을 반역으로 정의했다.

오스트리아-헝가리 제국이 무너진 동부와 남부 유럽에는 체코슬로바키아, 폴란드와 유고슬라비아 같은 신생국들이 생겨났다. 이들 나라는 전쟁 후 급하게 국경을 조정하는 과정에서 종교나 소수 민족의 분포 등을 간과하고 세워졌다. 지배하는 자도, 지배당하는 자도 모두 만족하지 못하는 애매한 상황이 지속되었고, 조만간 타오를 분쟁의 불씨가 되었다. 우크라이나인 스테판 반데라는 국가가 없는 민족의 일원으로서 신흥 폴란드 공화국의 지배를 받았는데 다른 우크라이나 동포들처럼 2등 시민 대우를 받는 데 상당한 불만을 가지고 있었다. 그는 이러한 불만에서 멈추지 않았고 우크라이나인만의 독립국이라는 목표를 위해 적극적인 활동을 하기 시작했다. 때로 그 활동은 과격했고 많은 이들의 피를 요구했다.

세르비아, 크로아티아, 보스니아 등의 나라와 정교회, 가톨릭, 이슬람 등의 요소들이 결합된 '모자이크 국가' 유고슬라비아의 상황은 훨씬 더 복잡했다. 육군 장교인 드라골류브 드라자 미하일로비치는 세르비아계로서 조국을 침략하는 독일군에 맞서고자 했지만 종교와 정치라는 변수가 추가되면서 자국 내에서 이중, 삼중의 적과 싸워야 했다. 이 과정에서 때로는 과거의 적들과 손을 잡거나 다시 싸우기도 하는 이해하기 힘든 상황이 벌어지게 된다.

체코슬로바키아 출신의 군인인 카렐 추르다는 나치가 침공하자 즉시 프랑스와 영국으로 탈출해 조국을 위한 싸움을 이어나갔다. 이후 체코슬로바키아에 잠입해 활동을 하던 중 극한의 심리적 불안과 공포 속에 조직을 배신하였고, 이후 누구보다도 독일 편에 서서 독일인처럼 행동했다. 그의 상반된 행동을 보며 같은 사람이 어떻게 저렇게 변할 수 있는지 의아해 하는 사람들도 많았다. 하지만 어쩌면 이것이 자기 이익에 충실한 인간의 가장 원초적인 모습인지도 모른다.

인도, 필리핀, 인도네시아 같은 나라들은 당시 서구 국가들의 식민지로서 풍부한 자원과 부를 수탈당하고 있었고 이들의 지배로부터 해방을 갈망하고 있었다. 하지만 수세기 동안 서구의 앞선 기술과 강한 무력 앞에 번번이 굴복하고 말았는데 드디어 자신의 주인들이 공격을 받거나 심지어 점령당하는 상황이 전개되기 시작했다. 인도의 정치가였던 찬드라 보스는 인도의 지배자인 대영제국이 나치 독일과 일본을 상대로 전쟁을 치르는 상황에 주목하게 된다. 특히 조국 인도에 가까운 버마(미얀마)까지 진군한 일본군에게서 가능성을 본 보스는 이들과 적극적으로 손을 잡기 시작했다. 그는 일본군의 지원하에 군대를 모집하고 무장을 하며 반영 독립 투쟁의 선봉에 선다. 하지만 보스가 간과했던 것은 일본군은 그들 나름대로의 전략적 계산이 있었다는 점이었다. 보스가 기대했던 '적의 적'이 나의 친구가 되기에는 근본적인 한계가 있었다.

이탈리아는 1차 대전의 당당한 승전국이었지만 전후 제대로 대접을 받지 못했다는 불만이 가득했다. 이러한 상황을 무솔리니라는 사나이가 적극적으로 이용했다. 그는 대내적으로는 '현대판 로마 제국의 재현'이라는 엄청난 비전을 이탈리아인들에게 제시했고 국제무대에서도 자국의 위상을 한껏 끌어올렸다. 무솔리니는 자신의 제국을 통치하기 위해 족벌주의 방식을 도입했는데 제국의 2인자이자 대외적인 커뮤니케이션의 선봉장으로서 사위 갈레아초 치아노를 임명했다. 치아노는 현대판 로마 제국의 황태자로서 화려한 삶을 누렸고 그 누구보다 무솔리니의 총애를 받았다. 하지만 권력은 가족까지도 갈라놓을 정도로 지극히 냉혹한 것이었다. 치아노는 이탈리아의 패배에 따른 혼란기에 장인인 무솔리니의 불신임에 힘을 보탰고,

이로써 루비콘강을 건너게 된다.

레옹 드그렐 같은 이는 1차 대전 당시 독일에게 침략을 당한 벨기에 출신이었다. 그는 독실한 가톨릭 신자였는데 자신의 극우 정당을 만들고 정치에 참여하는 과정에서 나치를 비롯한 파시스트들과 교류하게 되었다. 이들은 반공, 반유대 사상을 공유하며 자신들이 만들 미래를 함께 그리기 시작했다. 하지만 열정적인 드그렐이 간과한 한 가지가 있었는데 나치의 입장에서 볼 때 그는 순수한 게르만족이 아닌 2류 라틴계 민족이었다. 나치의 기준으로 지배 민족이 될 자격이 없었음에도 그는 나치를 위해 열심히 일하기 시작했다.

독일군 지배하의 게토에 갇힌 유대인인 하임 룸코프스키는 엄청난 딜레마에 빠졌다. 자신이 살기 위해 많은 동족들을 독일군에게 넘겨줘야 했고, 자신에게 다른 선택지가 없음을 잘 알고 있었다. 그는 생존의 길을 찾아보고자 했다. 그 방법은 동족인 유대인들을 독일군에게 쓸모 있는 존재로 만드는 것이었다. 그렇게 폴란드 우치의 게토 안에서 나치의 전쟁 수행에 기여하는 룸코프스키의 작은 왕국이 생겨났다. 그 왕국은 나치 지배하에서 살아남고자 하는 유대인들의 공동체로 시작되었지만, 시간이 지남에 따라 나치라는 괴물을 스스로 닮아가고 있었다.

이처럼 정치와 이념이 어지럽게 뒤섞인 가운데 각 개인들의 사정까지 더해지면 상황은 한층 더 복잡할 수밖에 없다. 일본계 미국인인 아이바 토구리는 잠시 일본의 친지를 방문했다가 진주만 기습에 따른 태평양 전쟁 개전과 함께 고립되어 버렸다. 일본에 홀로 남겨진 후 생존을 위해 무엇인가를 해야 했는데 그렇게 시작한 일이 연합군 병사들을 대상으로 하는 심리전 방송이었다. 그녀는 그저 음악 몇 개 틀어놓고 잠시 아나운서 역할을 맡았다고 생각했다. 하지만 전후 조국의 판단과 여론은 그녀의 생각과는 상당히 달랐고 토구리는 명예 회복을 위한 멀고도 험난한 길을 가야만 했다.

많은 사람들이 자신의 이익을 취하고자 했다. 한편 누군가는 조국 또는 계급의 기득권을 지키려 했고 또 다른 누군가는 압제에서 벗어나기를 바랐다. 자신의 이념 내지는 신념을 널리 전파하려 한 사람들도 있었다. 이러한 요인들의 상호 작용으로 각 개인에 대한 평가도 달라지는 것이다.

지금부터 살펴보고자 하는 14인의 인물들은 각자 다양한 동기를 이유로 변절한 이들이며 국가와 이념, 직업 및 성별 등을 고려하여 선정하였다. 이들 중 다수가 정치가나 군인들이지만 그 외의 직업을 가진 사람들도 있다. 이들의 공통점이라고 한다면 대부분 자국에서 유명인이었고 모두 자기 분야에서 일정 수준 이상의 성취를 이뤄낸

유능한 인물들이었다는 것이다.

  이 책은 이러한 반역자와 배신자들(또는 영웅)의 구체적인 사례들을 살펴보면서 이들이 왜 이런 선택을 하게 되었는지 그 구체적인 배경과 맥락을 알아보고자 한다. 우리는 이들의 사례를 통해 당대 역사의 흐름을 파악하는 것은 물론 어떤 인물들에 대한 평가는 그들이 처했던 상황, 그리고 시대의 변화에 따라 다양한 스펙트럼으로 해석될 수 있음을 알게 될 것이다.

  그 스펙트럼은 우리가 생각하는 것 이상으로 넓고 깊을 수 있다.

차례

1장

환멸에 따른 변절자

기존의 국가 혹은 체제에
충성스러웠으나 정반대로 입장을
바꾼 사람들이다. 반대편을 선호해서
그랬다기보다는 본래 자신이 몸담고
있던 진영에 환멸과 배신감을 느끼고
변절한 사례이다.

안드레이 블라소프

소련의 군인

발터 폰 자이틀리츠-쿠르츠바흐

독일의 군인

카를 프리드리히 괴르델러

독일의 정치가, 경제학자

악마와 악마 사이의 고뇌

안드레이 블라소프

ANDREY VLASOV
(1901~1946)
소련의 군인

영화 007시리즈 중 1995년에 제작된 〈골든 아이〉는 탈냉전 이후를 배경으로 한 첫 번째 작품이다. 극중 악당은 007의 전 동료 정보요원 야누스(006)인데, 그는 과거 자신의 아버지를 죽음으로 내몬 영국 정보국에 복수하기 위해 신무기인 '골든 아이'를 탈취하려 한다. 야누스의 아버지는 과거 2차 대전 당시 소련군 소속이었으나 독일 측으로 전향하여 소련군에 대항해 싸우다가 종전 후 서방과 소련의 밀약에 따라 소련으로 강제 송환되고 자살한 것으로 소개된다.

이는 단순히 영화적인 설정이 아니다. 실제로 나치 독일이 항복한 시점에서 많은 소련군 소속 병사 및 장교들이 독일 측을 위해 싸우고 있었다. 이들은 종전 후 자신들이 소련 측에 송환되고 곧 처형될 것임을 예상했기에 살기 위해 서방의 미군과 영국군 측에 항복하려 했다. 하지만 이들의 운명을 두고 연합군은 이미 소련과의 얄타 협정으로 가이드라인을 정해놓은 상태였으며, 이들 대부분을 소련 측에 인계했다. 이러한 과정에서 영화의 내용과 같이 실제로 많은 이들이 처벌을 받았고 심지어는 소련 측에 넘겨지기 전에 자살을 택하기도 했다. 지금부터 살펴볼 사람은 바로 이러한 가혹한 운명에 내동댕이쳐진 소련인들 중 대표적인 인물이며 오늘날까지 국가마다 그 평가가 극단적으로 엇갈리는 사람이다.

유능한 혁명 전사

안드레이 안드레예비치 블라소프(러시아 이름의 가운데 이름은 아버지의 이름을 따서 짓는다. 즉 이 사람의 아버지도 '안드레이'라는 이름을 썼다는 뜻이다)는 1901년 러시아 서부의 니즈니노브고로드주 로마키노의, 신실한 신앙을 가진 나름 부농 집안에서 태어났다. 블라소프는 어렸을 때 부모의 뜻에 따라 신학교에 진학해 공부를 했는데, 1917년 볼셰비키 혁명 이후 학업을 그만두었고 1919년에 볼셰비키의 붉은군대에 입대하여 본격적인 군인의 길을 걷게 되었다. 혁명의 소용돌이의 와중에 남부의 우크라이나, 캅카스, 크름반도 등지에서 전투를 치렀고, 탁월한 용맹과 지도력을 인정받아 붉은군대의 장교가 되었다.

그는 적백 내전이 끝난 후에도 계속 군에 남았고, 1930년에는 공산당에 가입해 엘리트 장교의 길을 걸었다. 1935년에는 소련군의 장교 육성 기관인 프룬제군사학교에 입교했다. 이후 스탈린의 독재가 본격화하고 1937년 대숙청이 시작되면서 소련군 장교단과 지휘부가 초토화되었는데, 상황이 어찌나 심각했는지 1935년 소련 원수 계급을 달고 있었던 5명 중 3명이 스파이 혐의로 체포되어 사형당할 정도였다. 대숙청의 결과 소련군의 지휘 체계는 회복할 수 없을 정도로 흔들리게 된다(당시 처형당한 원수 중 한 명이 바로 소련판 전격전인 종심타격 이론의 주창자인 미하일 투하쳅스키 원수이다).

하지만 블라소프는 군사재판단의 일원으로 이러한 피의 숙청을 피했고 오히려 1938년 가을에는 소련군 내 엘리트 코스로 여겨졌던 해외 군사고문단의 일원이 되어 장제스 영도하의 중국에 파견되었다(그의 후임자가 훗날 스탈린그라드의 영웅이 되는 바실리 추이코프 장군이다). 귀국 후인 1940년 1월 블라소프는 제99저격사단의 사단장이 되었고, 그의 부대는 국방인민위원인 세묜 티모셴코로부터 '최고의 붉은군대 부대'로 극찬을 받았다. 블라소프는 혁명 이후 전간기를 거치며 문자 그대로 승승장구했고 장래가 주목되는 소련의 핵심 장교였다.

1장 환멸에 따른 변절자

바르바로사 작전 당시 소련 서부에서 진격 중인 독일군.

전쟁의 소용돌이 속에서 —

　1941년 6월 22일 새벽 3시 독일군은 무려 300만 대군을 동원하여 소련을 침공하는 사상 최대의 군사 작전, '바르바로사 작전'을 개시했다. 1939년 겨울에 벌어진 소련과 핀란드의 겨울 전쟁에서 보여준 소련군의 어이없는 졸전을 보며 히틀러(Adolf Hitler, 1889~1945)와 독일 수뇌부는 소련군과 그 지휘부를 가벼운 힘만 가해도 쉽게 무너질 약체로 과소평가하였다. 실제로 독일군은 초기 수개월 동안 소련 영토로 전무후무한 속도로 맹렬히 진격했다.

　거대한 규모의 독일군과 그 동맹군은 중부, 북부, 남부의 3개 집단군으로 나뉘어 진군했는데 중부집단군은 모스크바, 북부집단군은 레닌그라드(지금의 상트페테르부르크), 남부집단군은 키예프(지금의 우크라이나 키이우)를 목표로 각각 맹공을 퍼부었다. 개전 당시 블라소프는 키예프 특별군관구 소속 제4기계화군단을 지휘하고 있었는데 총 2만 8000명의 병력 및 1000여 대의 전차를 보유했고 이중 절반 이상이 특유의 경사 장갑을 가진 T-34, 강력한 방어력을 자랑하는 KV-1으로 구성되어 우크라이나 내 소련군 중 가장 강력한 전력으로 여겨졌다.

블라소프가 이끄는 부대는 강력한 전력을 바탕으로 1943년 7월의 쿠르스크 전투 이전까진 최대 규모의 전차전이었던 브로디 전투에 투입되었다. 하지만 상대는 독일 전차전의 명장 에발트 폰 클라이스트 장군이었다. 그가 지휘하는 독일 제1기갑집단의 집중적이고 신속한 전술 앞에 블라소프의 소련군은 속절없이 무너지기 시작했고 7월 초에는 보유했던 전차를 대부분 잃고 말았다.

이후 제37군을 지휘하게 된 그는 1941년 8월에 제1차 키예프 전투에 참여하였다. '모든 러시아 도시들의 어머니'인 이곳을 두고 독일군은 핵심 전력인 중부집단군 소속 하인츠 구데리안 장군 휘하의 제2기갑집단까지 남쪽으로 돌리며 소련군을 거칠게 몰아붙였고 결국 소련군 65만여 명을 포위, 섬멸하게 된다. 우세한 독일군의 덫에 갇힌 블라소프는 전황에 가망이 없음을 깨닫고 자신의 병력에게 각자 분산하여 독일군의 포위망을 탈출하도록 지시했고, 자신도 겨우 도망쳐 나왔다. 이렇게 남쪽의 위협을 모두 제거한 독일군은 이제 모든 창끝을 모아 소련의 심장이자 중추인 모스크바를 겨누며 독소전의 종지부를 찍으려 했다. 드디어 모스크바 공략 작전인 '태풍 작전'이 시작된 것이다.

모스크바의 수호자

1941년 10월 1일 독일군은 192만의 병력을 동원하여 신속히 수도인 모스크바를 점령하고 소련의 숨통을 끊으려 하고 있었다. 하지만 10월 둘째 주부터 러시아의 가을장마인 라스푸티차가 본격적으로 시작되면서 대부분의 도로가 진흙으로 엉망진창이 되었고 사람도 차량도 이동하기 힘든 상태가 빠졌다. 당시 독일군의 표현에 따르면 마치 '진흙의 바다'에 빠진 꼴이 되었다.

이후 가을비는 그쳤지만 예년보다 빠른 늦가을 추위가 찾아와 11월부터 기온이 영하 20도까지 내려갔고, 독일군의 모든 장비를 얼려버렸다. 바르바로사 작전 개시 이후 여름 군복만으로 버텨온 독일군에게 1941년 러시아의 추위는 도저히 감내할 수 없는 수준이었다. 수십만 명의 병사들이 동상으로 전선을 이탈했고 총은 윤활유가 얼어서 발사되지 않았다. 심지어 차량의 부동액마저 얼어붙어서 독일군의 장기인 신속한 전차 기동도 어려워졌다. 더불어 보급이 어려운 상황에서 전선에 겨우 도착한 따뜻한 수프는 채 떠서 입에 넣기도 전에 얼어버렸다.

이때 가혹한 날씨와 더불어 소련군을 구해준 또 하나의 요인은 바로 리하르트 조르게라는 소련의 스파이였다. 독일인이지만 철저한 공산주의자였던 그는 일본 도쿄에 주재하는 독일 신문기자로 위장하여 일본 주재 독일 대사와의 친분을 통해 많은 정보를 빼돌렸다. 특히 독소전 개전 이후 독일은 일본으로 하여금 소련의 시베리아 지역을 공격하여 소련군 병력을 동서 양 전선으로 분산시켜 달라고 요청하고 있었다. 하지만 조르게는 일본이 독일의 바람과는 반대로 시베리아가 아닌 남쪽의 영국과 미국 식민지를 공격하려 한다는 확실한 정

1941년 겨울, 혹한 속에 사투를 벌이며 이동하고 있는 독일군.

보를 입수하여 모스크바에 타전했다. 이를 통해 소련은 시베리아에서 단련된 18개 사단의 노련한 병사들을 가까스로 모스크바 공방전에 투입할 수 있었다.

　이때가 소련으로서는 대전 중 최대의 위기였고 스탈린마저 한때 동쪽의 쿠이비셰프로 수도를 옮길 생각을 하기도 했지만 결국은 모스크바를 사수하기로 결의를 다지게 된다. 11월 7일 독일군이 진격해오는 동안 스탈린은 붉은광장에서 보란 듯이 혁명기념일 퍼레이드를 열었는데 이 부대들도 행진 후 곧바로 전선으로 투입되어야 할 정도로 전황이 급박했다.

1941년 11월 7일 모스크바에서 진행된 소련 혁명기념일 퍼레이드.

　이때 블라소프는 명장 게오르기 주코프 휘하 서부전선군의 제20군 사령관으로서 모스크바 방어전에 참전하게 된다. 그의 제20군은 전선의 중심에 서서 독일군의 공세를 지연시켰다. 특히 12월 5일 이후 시작된 소련군의 반격을 주도했는데 12월 12일에는 모스크바 인근 솔네크노고르스크를, 12월 20일에는 볼로콜람스크를 탈환하는 등 최고의 활약을 펼치며 독일군을 격퇴하게 된다. 이러한 활약을 통해 그는 소련 최고 무공훈장인 적기훈장을 수여받았고 공산당 기관지인 《프라우다》에서 연일 '모스크바의 수호자'로서 칭송받게 된다. 이러한 소련군의 반격으로 인해 독일군은 거의 100km 이상을 후퇴했으며 곳곳에 고립되어 와해되었다. 한때 쌍안경으로 크렘린의 첨탑이 보일 정도로 모스크바 가까이 접근했던 독일군은 이후 다시는 이 '소련의 심장' 근처에 올 수 없었다.

제3제국의 포로가 되다

극적으로 모스크바의 방어에 성공한 스탈린은 승리에 도취되어 1942년 1월 7일 전 전선에 걸친 전면적 공세를 지시했다. 특히, 독일 제18군에게 오랫동안 포위되어 극심한 인명 손실을 보고 있던 혁명의 도시 레닌그라드를 구하기 위해 이제 막 강제수용소(굴라그)에서 석방된 키릴 메레츠코프 장군을 투입했다. 그는 스페인 내전에 참전했고 핀란드와의 겨울 전쟁을 승리로 이끈 역전의 군인이었는데 볼호프 전선군을 이끌면서 독일군을 공략하여 포위된 도시를 구하려 했다.

메레츠코프가 지휘하는 제52군 및 제2충격군은 거센 진격을 통해 독일군 방어선을 돌파하고 적 후방 70km까지 진출했으나 곧이어 태세를 정비한 독일군의 역습을 받아 도리어 제2충격군이 역포위당하게 된다. 순식간에 극도로 불리해진 전황 속에 블라소프는 볼호프 전선군의 부사령관이자 제2충격군 지휘관으로 임명되었다.

하지만 그가 현장에 투입되었던 1942년 3월에 승패는 이미 결정된 것이나 다름없었다. 그가 할 수 있는 것이라고는 패배를 단지 며칠 지연시키는 것뿐이었다. 결국 6월 말에 독일군의 마지막 공세가 이어지자 장기간 포위되어 있던 제2충격군은 순식간에 무너지고 말았다. 블라소프는 항공편으로 탈출하라는 상부의 지시를 거부하고 결국 독일군에 포로로 잡히게 된다.

스탈린은 자신의 아들이 독일군의 포로로 잡히자 음모가 있다며 며느리마저 투옥시켰던 냉혈한이었다. 전쟁 중 포로로 잡힌 모든 소련 군인들은 그들도 모르는 사이에 조국으로부터 반역자 취급을 받았는데 블라소프라고 하여 예외는 아니었다. 더구나 그가 스탈린에 대한 반감으로 독일군에게 협력하게 된 후로는 더 말할 것도 없었다. 그가 투항한 이후 블라소프의 모든 공적과 상훈은 소련군 공식 기록에서 흔적도 없이 사라져 버렸다.

악마와 손잡다

독일군의 포로가 된 블라소프는 초기부터 독일군에 적극적으로 협력할 의사를 밝혔다. 그가 반소련, 반스탈린 세력으로 돌아서게 된 데에는 여러 가지 이유가 있겠지만 무엇보다도 스탈린의 대숙청을 들 수 있다.

앞서 말한 스탈린의 대숙청 및 이전의 홀로도모르(집단농장화에 반대하는 부농들을 제거하기 위해 우크라이나에서 인위적으로 야기된 대기근 사태. 우크라이나인 약 300만 명이 사망했다고 알려져 있다)를 통해 소련 사회와 군부는 해체 수준의 혼란을 겪었다. 이러한 일련의 극악무도한 테러를 통해 수백만 명의 소련인들이 투옥되고, 고문을 받거나 살해되었던 것이다. 이러한 희생자중에는 부농으로 몰려 처벌받은 블라소프의 아버지도 있었다.

소련을 수호하고 스탈린에 충성을 다했던 엘리트 군인이지만 주변의 많은 사람들이 희생되어 가는 일련의 사태 속에 블라소프는 크게

SS-REICHSFÜHRER HIMMLER

MODTAGER GENERAL VLASSOV

Signal

힘러와 만난 블라소프의 사진이
실린 독일군 잡지《지그날》.

고뇌하게 되었고 마침내 적의 편에 선 것으로 여겨진다.

포로가 되고 얼마 후 그는 스탈린에 맞서 투쟁하고 독일에 협력
하겠다는 메모를 전달한다. 이에 대해 친위대 수장인 하인리히 힘
러(Heinrich Himmler, 1900~1945)나 나치 이론가인 알프레트 로젠베르크
와 같이 그의 이용가치를 높이 평가하는 독일인도 있었지만 결정적
으로 히틀러가 이러한 제안에 대해 의구심을 품고 있었다. 그는 어떠
한 형태로든 러시아인 포로들로 구성된 부대 구성에 반대했다.

블라소프는 한편 독일군의 다양한 선전 활동에 참여했는데 반소련
및 반공적인 문구로 가득 찬 〈스몰렌스크 선언문〉이나 〈나는 왜 공산

주의에 반대하는가?〉 등의 두 장짜리 팸플릿을 작성하여 소련군 전선에 대대적으로 살포하게 된다. 하지만 그의 이상은 스탈린과 공산주의에서 벗어난 '자유 러시아'를 건설하는 것이었던 반면 나치는 러시아인을 노예로서 착취해야 할 인간 이하의 하등 동물(Untermensch)로 간주했다. 양측은 시작부터 지향점이 달랐고 단지 자신의 목적을 위해 상대편을 이용하려 했다는 것이 정확한 해석일 것이다.

이러한 상황을 반증하는 사례가 바로 프스코프 사건이다. 당시 독일군 점령지였던 러시아 북서부의 프스코프에서 블라소프는 친독 지원자들을 대상으로 연설을 했는데, 소련 땅에 들어온 독일인들을 '잠시 머물다 가는 손님'으로 표현했다. 이는 히틀러의 엄청난 격노를 야기했고 블라소프는 한때 가택 연금에 처해지기도 했다.

한편 시간이 흐름에 따라 전황은 점점 독일 측에 불리해져 갔다. 1943년 2월 스탈린그라드(지금의 볼고그라드)에서의 패배 이후 같은 해 7월에 독일군은 쿠르스크 전투에서 또다시 패하며 동부전선의 주도권을 완전히 상실했고, 1944년 1월에는 900일간 포위되었던 레닌그라드가 소련군에 의해 해방되었다.

그리고 1944년 6월에는 독일군에게 사망 선고나 다름없는 일련의 사건들이 일어났다. 우선 서부전선에서는 6월 6일에 연합군이 프랑스의 노르망디에 상륙하며 유럽 제2전선을 만들었다. 또한 동부전선에서는 6월 22일(스탈린은 일부러 독일이 침공한 3년 전과 같은 날을 택했다)에 소련군이 바그라티온 작전을 통해 독일 침략군의 핵심인 중부집단군을 궤멸시켰다. 이처럼 전황이 독일 측에 극도로 불리해지자 반소 세력을 의심의 눈초리로 보았던 히틀러조차 블라소프의 의견을 수용할 수밖에 없었다.

러시아해방군을 상대로 연설 중인 블라소프(1944년).

블라소프는 마침내 반소련 독자 군대를 편제하고 무장할 수 있도록 허가를 받아 1944년 9월에 드디어 러시아해방군(Russkaya Osvoboditel'naya Armiya, ROA)이 공식적으로 편성된다. 사실 그 이전에도 소련 출신의 많은 지원자들이 독일군 편에서 싸웠다. 하지만 의심 많은 독일군은 이들을 주로 후방 지원 같은 비전투 임무 또는 점령지의 게릴라 소탕 등의 2선급 임무에 배치했을 뿐이었다. 러시아해방군이 편성되었지만 그렇다고 이들이 바로 전투에 투입된 것도 아니었고 1944년 11월에 블라소프가 주도하는 괴뢰정부인 러시아 인민해방위원회가 생긴 후에야 급물살을 타게 된다.

1장 환멸에 따른 변절자

러시아해방군은 두 개 사단으로 구성되었는데 형식상 제15코사크 기병 군단을 포함하는 등 기존의 제3제국 내에 있던 소련 출신 병력들을 다수 거느리게 된다. 마침내 운명의 해인 1945년이 되자 소련군은 폴란드를 거쳐 독일 본토까지 위협하게 되었다. 4월 중순에 소련군은 베를린으로 가는 마지막 관문인 오데르강 앞에 포진하여 나치 독일과의 마지막 전투를 준비하고 있었다. 이곳에 투입된 러시아해방군은 잠시나마 친위대장 힘러의 칭찬을 들을 정도로 선전했으나 거대한 파도와 같이 몰려드는 소련군을 막는 것은 이미 불가능했다.

블라소프는 깊은 고민에 빠지게 되는데, 결국 그의 병력을 이끌고 남쪽의 체코로 이동하기로 결정한다. 이미 체코 일부 지역에 진주한 미군에게 항복해서 그와 그의 부하들이 소련에 송환되는 것을 막아보자는 생각이었던 것이다. 하지만 블라소프가 모르는 것이 하나 있었다. 연합국들 간의 합의에 의해 그들의 운명은 이미 결정되었다는 사실이었다.

쓰라린 종말

5월 초 러시아해방군이 체코의 프라하에 도착했을 때 이미 도시는 1939년 이후 6년간의 독일 지배를 끝장내려는 파르티잔 및 체코 민병대들로 부글부글 끓고 있었다. 많은 독일 거류민들이 복수에 불타는 체코인들에 의해 블타바강에서 살해당했는데 현지에 있던 독일 무장친위대(Waffen SS)도 붙잡히면 끝장이라는 것을 알았기에 격렬하게 저항했다. 이 와중에 블라소프의 러시아해방군은 다시 한번 말을 갈아타 체코 파르티잔과 함께 독일군에 대항해 싸우려 했다. 어차피

프라하에 입성해 환영을 받고 있는 이반 코네프 원수.

전쟁은 종결될 것이었고 종전 후 최대한 관대한 조건으로 미군 측에 투항하기 위해 선택한 결정이었다.

하지만 체코 파르티잔은 기본적으로 좌익 성향이었고 소련 공산당의 영향을 강하게 받고 있었다. 비록 러시아해방군이 전투에 도움을 주었다고 해도 나치 부역자였던 이들을 같이 싸운 동료로서 따뜻하게 받아들일 생각은 추호도 없었다. 결국 러시아해방군은 프라하 외곽에 있던 이반 코네프 원수 휘하의 제1우크라이나 전선군이 입성하기 전에 다시 서쪽으로 이동해야 했고 패튼 장군의 미 제3군에 항복했다.

러시아해방군 수천 명이 미군 감시하에 있게 되었지만 이들은 이미 2월에 미국, 영국과 소련 사이에 합의된 얄타 협정에 의해 소련으로 송환될 처지였다. 얄타 협정에 따르면 2차 대전이 발발한 1939년 9월 1일을 기점으로 기존 소련 국민이었던 사람들은 다시 소련으로 돌려보내져야 했다. 이러한 러시아해방군의 운명을 알고 있었던 일부 미군 장교들은 이들 중 일부 인원이 소그룹으로 서쪽의 미군 지역으로 도망치는 것을 모른 채 눈감아 주었다.

하지만 대다수의 인원들은 결국 체코 플젠 인근에서 소련군 제25전차군단에 붙잡히고 말았다. 블라소프는 190cm에 달하는 큰 키와 안경 때문에 바로 정체가 발각되었다. 다가올 운명을 직감한 그는 체포되는 순간 자신을 여기서 죽이라며 체포하려는 소련군 병사에게 소리쳤지만 곧장 독일 드레스덴에 위치했던 이반 코네프 원수의 지휘부로 압송되었다. 이후 악명 높은 모스크바의 루반카 형무소로 옮겨진 그는 비밀경찰인 NKVD에 의해 손톱이 뽑히는 등 인간이 감내할 수 없는 혹독한 고문을 받으며 무너지게 된다.

결국 1946년 7월 30일 열린 재판에서 그는 사형을 선고받았고, 불과 이틀 후에 형이 집행되었다. 그의 휘하에서 사단장이었던 세르게이 부냐첸코와 다른 고위 장교들도 같은 운명을 맞았다. 러시아해방군 일반 병사들 중 운이 좋은 소수의 사람들만이 시베리아의 굴라그로 끌려가서 강제 노동을 하게 되었고, 이들은 고르바초프 등장 이후 소련이 붕괴될 때까지 숨소리도 내지 못한 채 음지에서 죽은 듯이 살았다.

오늘날 블라소프는 사망한 지 70년이 넘게 지났지만 러시아에서는 여전히 국가를 저버린 배신자의 이미지로 국민들에게 기억되고 있다. 2차 대전 중 소련 국민 최대 2700만 명 이상이 사망했다는 한 가

미국 뉴욕주의 한 수도원
묘지에 세워진 블라소프와
러시아해방군의 기념비.

지 사실만 보더라도 향후 그가 다시 복권되는 것은 거의 불가능할 것
이다.

그가 왜 패전 직전의 독일에 협력해서 조국을 상대로 끝까지 전투
를 벌였는지에 대해서는 여러 가지 답변이 있을 수 있다. 아마도 그는
독일이 항복한 이후 히틀러가 생각했던 것처럼 미국과 소련이 대결
을 하게 될 것이고 그 과정에서 반공 성향 부대의 역할이 재조명될 것
이라는 나름의 확신을 가졌는지도 모른다.

하지만 그의 모든 바람은 사라졌고 조국으로 다시 돌아가기에는 너무나도 먼 길을 와버렸다. 한 명의 악마에 실망하여 조국을 구해보 겠다고 나섰지만 반대편의 또 다른 악마는 제대로 보지 못한 블라소 프의 모습을 보며 그를 단순히 시대와 역사의 희생양이라고 치부하 기에는 많은 아쉬움이 남는다.

이용만 당한 명문가 출신 장군

발터 폰 자이틀리츠-쿠르츠바흐

WALTHER VON SEYDLITZ-KURZBACH
(1888~1976) 독일의 군인

1955년 10월부터 이듬해 1월까지 당시 서독은 문자 그대로 나라 전체가 흥분의 도가니이자 눈물바다였다. 지난해인 1954년에 서독 축구 대표팀이 스위스 월드컵에서 우승했을 때보다 더한 '감동의 드라마'가 펼쳐지고 있었다. 바로 1945년 패망 이후 소련에 억류되어 있던 전쟁 포로 중 마지막 1만여 명이 귀환한 것이다. 이는 당시 서독 총리였던 콘라트 아데나워와 소련 총리 니콜라이 불가닌의 협상을 통해 성사되었다.

귀환 포로들이 오는 길마다 서독 국민들은 꽃다발을 던지며 열광적으로 환영했다. 장애인이 된 아들을 10년 만에 만난 어머니, 태어나서 아버지를 처음 보는 아이들 등 많은 사람들이 저마다 사연을 안고 있었는데 역사상 최고의 전투기 에이스였던 에리히 하르트만 같은 이들은 소련의 갖은 협박에도 굴하지 않고 나름의 신념을 지켜 더욱 추앙받았다.

하지만 빛이 있으면 어둠도 있듯이 모든 이들이 환영을 받은 것은 아니었다. 포로로 수용되어 있던 동안 소련 측에 전향하거나(이러한 이들 중 상당수는 이미 동독으로 귀환하였다) 적극 협력하여 목숨을 부지한 사람들은 귀환 포로 그룹 내에서도 차가운 시선을 받았다. 이러한 인물들 중에는 심지어 장성급의 고위 장교도 있었는데 그 대표적인 인물이 지금부터 소개하고자 하는 발터 폰 자이틀리츠-쿠르츠바흐 장군(이후 자이틀리츠로 표기)이다.

명문가의 청년 장교

자이틀리츠의 집안은 프로이센의 귀족인 융커 출신으로 독일에서도 알아주는 명문가였는데 그 가계가 13세기로 거슬러 올라갈 정도로 유서가 깊었다. 자이틀리츠 집안의 많은 남자들이 프로이센군의 장교로 복무하였고, 가장 유명한 사람은 프리드리히 대왕의 기병 장군으로 7년 전쟁에서 활약한 프리드리히 폰 자이틀리츠(Friedrich von Seydlitz, 1721~1773)이다(이 장군의 이름을 딴 순양전함이 1차 대전 당시 크게 활약했다).

이러한 집안 전통에는 그의 아버지인 알렉산더 폰 자이틀리츠도 예외가 아니었는데 그는 프로이센군 소장이었다. 자이틀리츠도 자연스럽게 어릴 적부터 군대 문화에 익숙해졌고 1908년 대학 입학시험을 마친 이후에 사관후보생으로 단치히(지금의 폴란드 그단스크)의 야전 포병대에 배속되었다.

그는 후보생 과정을 이수한 후 1910년에 소위로 임관했는데 4년 후인 1914년 1차 대전이 발발하자 포병 장교로서 서부 및 동부의 양 전선에서 복무했다. 1916년에는 사상 최악의 살육전이었던 솜 전투에 중위로 참전했다. 이때 영국군은 탱크라는 괴물을 처음으로 투입하였고, 자이틀리츠를 비롯한 많은 독일군들의 기억에 강렬한 인상을 남겼다.

이후 자이틀리츠는 대위로 진급하며 2급과 1급 철십자장도 수여받을 정도로 용맹과 능력을 인정받았다. 하지만 그의 조국 독일은 1918년 11월의 킬 군항의 해군 수병 반란 직후, 연합군에 사실상 일방적으로 항복하며 패전국의 멍에를 짊어지게 된다. 당시 다른 많은 독일 장교들처럼 그도 조국 독일이 패배했다는 것을 제대로 깨닫지 못한 채 귀향하게 된다.

직업군인의 길을 가다

1차 대전 후 독일은 수많은 귀향 군인, 상실한 해외 식민지에서의 귀국자들, 나날이 증가하는 실업자 그리고 좌익과 우익의 극단적인 대립으로 인해 극한의 혼란에 빠져 있었다. 한편 계속 군에 남기로 결심한 자이틀리츠는 전공인 포병 병과에서 계속 직책을 맡게 되었고, 처음에는 당시 신생 공화국이었던 폴란드와의 국경인 슐레지엔 쪽에서 근무했다.

폴란드는 1차 대전 후 다시 나라를 세우면서 주변국들과 크고 작은 영토 분쟁을 겪었는데 독일도 예외는 아니어서 당시 독일과 폴란드의 국경 지대였던 슐레지엔에선 폴란드 분리주의자들과 독일인들 사이에 충돌이 다수 발생하고 있었다. 폴란드 분리주의자들은 해당 지역을 폴란드로 귀속시키려 했으며 이러한 충돌이 훗날 독일군이 폴란드를 아무 주저 없이 침공하는 요인이 되었다.

자이틀리츠는 동부 국경 지대에서 근무한 후 독일 곳곳을 이동하며 차근차근 군 경력을 쌓아갔는데, 1929년에는 국방부 내 육군 병기 총감의 부관으로 근무했고 이듬해에는 소령으로 진급하였다. 1933년에는 포병연대 내 기병 부대 지휘관으로서 니더작센주의 페르덴에서 근무했는데, 그는 이곳에 터전을 잡았고 가족들과 함께 전후에도 이곳에 거주했다. 자이틀리츠는 이후 중령을 거쳐, 베를린 올림픽이 열린 1936년에는 대령으로 진급해 신설 제22보병사단의 포병연대장이 되었다. 2차 대전이 발발하기까지 그는 명문가 출신의 장교이자 실력을 인정받는 군인으로서 자신의 입지를 착실히 다지고 있었다.

레닌그라드로의 진격

1939년 9월 독일의 폴란드 침공으로 2차 대전이 발발했을 때 그는 수도 베를린 인근 포츠담의 포병대에 근무하고 있었고, 12월에 드디어 꿈에 그리던 장군으로 진급하게 된다. 이후 1940년 3월에는 제12보병사단장으로 임명되었고 그의 부대는 5월 10일 개시된 프랑스 침공 작전(황색 작전)에서 게르트 폰 룬트슈테트 상급대장 휘하의 A집단군에 소속되어 프랑스 공략의 주역 중 하나가 되었다.

이때 그의 부대는 룩셈부르크와 프랑스 북부의 모뵈주, 솜, 낭트 등을 휩쓸며 프랑스 전역에서 큰 활약을 펼쳤고 이 전공으로 자이틀리츠는 기사십자철십자장을 수여받았다. 프랑스 항복 이후 그의 부대는 현지 점령군의 일부로서 1941년 5월 소련 침공 직전까지 그곳에 주둔했다. 소련 침공 직전에는 동부 국경인 동프로이센 지역으로 이동했는데 이번에는 빌헬름 리터 폰 레프 원수 휘하의 북부집단군에 배속되었다. 자이틀리츠 본인과 조국 독일의 운명을 바꿀 인류 역사상 최대의 전장에 투입되려는 순간이었다.

1941년 6월 22일 새벽 그가 속한 북부집단군은 소련 제2의 도시이자 '혁명의 도시'인 레닌그라드를 목표로 쾌속 진군을 시작했다. 자이틀리츠의 부대는 발트 3국을 거치며 해방자로서 현지 주민들의 큰 환영을 받았다. 소련은 독소불가침 조약 이후 독일과의 약속에 따라 독립국이었던 발트 3국을 침공하여 자국에 편입시켰는데 이 과정에서 많은 현지 반공 인사들이 죽거나 강제수용소로 끌려간 바 있었다.

독일군은 7월 중순에는 레닌그라드 인근에 도착해 도시를 포격하기 시작했는데 예상 외로 강력한 소련군의 방어선에 맞서 쉽사리 전진하지 못하고 있었다. 결국 8월 말에는 독일군이 시 전체를 둘러싸

1장 환멸에 따른 변절자

면서 포위망을 완성했고 독일 포병의 맹렬한 포격과 공군의 폭격이 연일 계속되었다. 하지만 여전히 전진은 더뎠고 9월이 되자 히틀러의 관심은 온통 소련의 수도인 모스크바 공략에 집중되었고, 북부집단 군 소속이었던 제4기갑집단을 남쪽의 중부집단군에 배속시키는 명령을 내렸다.

그렇다고 레닌그라드에 대한 히틀러의 관심이 사라진 것은 아니었다. 그는 레닌그라드 시민들을 아예 굶겨 죽일 생각을 하고 있었다. 도시 자체를 공격해 많은 희생을 내기보다는 포위를 유지하고 보급선을 끊어 스스로 무너지게 하려는 계획이었다. 그 결과 도시 곳곳에서 아사자가 발생했고, 개와 쥐까지 먹어치운 레닌그라드 시민들 사이에 인육에 대한 흉흉한 소문이 돌기 시작했다.

최악의 상황에 빠진 거대 도시를 구하기 위한 소련군의 반격은 11월부터 개시되었는데 12월의 모스크바에서의 공세와 더불어 독일 군을 서쪽으로 상당히 밀어붙이게 되었다. 이 과정에서 히틀러의 완강한 현지 사수 명령에 따라 위치를 고수한 독일군 부대들이 포위되는 상황이 발생했다. 이렇게 형성된 돌출부와 포켓(포위된 지역) 중에 가장 유명했던 것이 바로 방어전의 전문가 발터 모델 장군이 활약한 르제프 돌출부와 자이틀리츠가 참전한 데미얀스크 포켓이었다.

데미얀스크에서의 활약

데미얀스크 전투는 1942년 1월 7일 파벨 쿠로치킨 장군 지휘하의 소련 북서전선군이 공세를 개시하면서 시작되었다. 당시 독일군은 여름과 가을에 걸쳐 연전연승을 거두었지만 보급선이 지나치게 길어졌고 10월 이후 갑자기 닥친 장마와 강추위로 인해 병사나 장비 모두 한계에 다다른 상황이었다. 월동 준비가 제대로 안 된 독일군은 러시아 민가에서 빼앗은 식탁보까지 두르며 추위를 이겨보려 했지만 동상 환자만도 20만 명 이상이 발생하며 전투력을 상실하는 최악의 상황에 직면해 있었다.

소련군은 독일군 제16군 타격을 목표로 주력인 제2군단과 제10군단 사이를 공격하면서 파고들었고 제16군의 보급로 역할을 하는 스타라야 루사 철로를 공략하기 시작했다. 동시에 독일군 제2군단이 있는 남동쪽의 데미얀스크를 우회하여 공격했는데 초기 공격은 독일군의 완강한 저항으로 지지부진했지만 결국 소련군 제11군과 제3충격군은 2월 8일에 독일 제2군단 전체와 제10군단의 일부인 약 9만 5000명을 데미얀스크에서 완전히 포위하는 데 성공했다. 제2군단 소속이었던 자이틀리츠의 제12보병사단 또한 포위망에 갇히게 되었다. 더불어 남서쪽의 홀름에도 약 5000명 규모의 독일군이 포위되었다. 독일군으로서는 처음 당하는 포위 상황이었고 독일군 최고사령부는 이들을 구출하기 위한 방안을 모색하기 시작했다.

가장 중요한 문제는 포위망을 뚫고 나오느냐 아니면 버티느냐의 선택이었다. 네 배나 많은 적군을 뚫고 나오기에는 여건이 좋지 않았고 결국 남은 선택지는 항공 보급을 통한 버티기였다. 독일군에게는 다행스럽게도 데미얀스크에는 운용 가능한 두 개의 비행장이 있었고, 항공 보급을 저지하기에 소련 공군의 역량은 턱없이 부족했다.

독일 제1항공군은 보유한 Ju-52 수송기에 He-111 폭격기까지 동원하여 총 5만 9000여 톤의 보급품을 공수했다. 독일군은 소위 '고슴도치 진지'를 통해 밀집 방어를 실시했고 소련군의 공세가 심해지는

1942년 3월 데미얀스크 일대의 독일군.

곳에는 적기에 예비대를 투입하여 성공적인 기동 방어를 이어나갔다. 이러한 상황이 4월까지 두 달 동안 이어졌다. 그리는 동안 독일군은 포위망 탈출뿐만 아니라 대대적인 반격의 기회를 엿보고 있었고 그 선두에 자이틀리츠가 서게 되었다.

1942년 3월 20일에 독일군은 데미얀스크 포위망을 돌파하기 위해 자이틀리츠 돌격집단을 구성하여 공세로 전환하게 된다. 이들은 북서쪽의 제16군 본진이 있는 방향으로 공세를 시작했고 동시에 제16군 본진에서도 동쪽으로 공세를 실시하여 소련군을 이중으로 압박했다. 포위된 독일군이 공세로 나오리라고는 전혀 예상치 못했던 소련군은 크게 당황했고 조금씩 밀려나기 시작했다. 결국 4월 22일에는 포위를 완전히 벗어날 수 있었고 마침내 데미얀스크와 홀름의 독일군은 구원되었다. 자이틀리츠는 이 공로로 6월에 포병 대장으로 진급하며 제51군단장으로 영전하였다.

데미얀스크와 홀름 포위전을 통해 독일군은 방어전의 모범이라고 할 만한 대단한 선전을 펼쳤다. 한편 이 전투는 위기 상황에서 독일 공군의 항공 보급 능력을 과대평가하는 계기가 되었고, 이에 대한 독일군 지휘부의 자만은 이후 일어날 비극의 씨앗이 되었다. 그 비극이 벌어질 곳은 데미얀스크에서 남쪽으로 1천 킬로미터도 넘게 떨어진 곳으로 당시 소련 최고 지도자의 이름으로 불리는 곳이었다.

청색 작전과 스탈린그라드

1941년과 1942년의 겨울 동안 독일군은 악전고투하며 겨우 생존하는 데 성공했다. 전력이 많이 약화되기는 했지만 편제와 인원 구성을 변경하는 등의 꼼수를 쓰면서 편제상의 병력 구성은 어느 정도 회복했고 이제 하계 공세를 준비하기 시작했다. '청색 작전'이라 불린 1942년 독일군의 하계 공세는 '청색'이라는 단어 하나로 표현하기에는 너무나도 거대한 것이었다.

독일군은 주된 공격 목표를 남부 캅카스의 유전 지대로 했고 남부 집단군을 두 개의 다른 집단군으로 다시 나누었다. 그중 A집단군은 캅카스의 유전 지대로 진군하여 소련의 전쟁 수행 능력을 완전히 결딴낼 것이었고, B집단군은 볼가강을 따라 이동하며 측면에서 이들을 호위하여 소련군을 압박할 터였다. 자이틀리츠의 제51군단은 B집단군 중 제6군에 속해 작전을 수행했다.

6월 말 독일군은 청색 작전의 막을 열었고 소련군은 1941년과 같

스탈린그라드 전투의 상징과도 같은 춤추는 아이들의 분수.

이 곳곳에서 허무하게 무너졌다. 주요 도시인 하리코프(지금의 우크라이나 하르키우), 보로네시, 로스토프가 잇달아 독일군의 수중에 떨어졌다. 독일군의 진격 속도가 너무 빨라 소련군은 방어선도 제대로 형성하지 못했고 독일군을 멈춰 세운 것은 적이 아닌 연료 부족이었다.

A집단군은 캅카스를 향해 파죽지세로 남진했고 B집단군은 볼가강의 교통 요충지인 스탈린그라드를 향해 전진했다. 이곳은 남부의 자원을 볼가강을 통해 운송하는 데 매우 중요한 도시였고 더구나 소련군 입장에서는 그들의 지도자의 이름을 붙인 도시였기에 절대 포기할 수 없었다. 독일군 입장에서도 이곳을 점령해야 A집단군의 배후가 안전해지기 때문에 반드시 확보해야 하는 곳이었다.

스탈린그라드에서의 자이틀리츠(왼쪽)와 파울루스.

　8월 21일 마침내 스탈린그라드 전투가 개시되었다. 독일군은 공군
의 대대적인 폭격으로 자신들의 출현을 알렸고 이어 보병이 진격하
기 시작했다. 하지만 볼가강을 뒤로 한 소련군은 결사의 항전을 펼쳤
고, 독일군이 포격이나 폭격을 통해 만들어낸 폐허의 돌무더기 속에
서 소련군은 불사조처럼 일어났다.
　자이틀리츠는 그의 제51군단을 이끌고 9월부터 시가전에 투입되
었다. 도시의 수많은 폐허 속에서 싸우는 가운데 전진이 극도로 더뎌
지게 되었고 독일군은 특유의 신속한 기동과 합동 작전을 전개할 수
없었다. 포격을 하면 할수록 소련군에게는 숨기 좋은 은폐물이 생기

　　　　　　　　　　　　　　　　　　1장 환멸에 따른 변절자

는 상황이었다. 하지만 독일군은 건물 하나하나를 뺏으면서 끈질기게 공격을 이어나갔고 11월 초에는 도시의 90% 이상을 점령할 수 있었다.

독일군이 소련군의 숨통을 끊어버리려 하는 바로 그때에 멀리 북쪽에서 또 다른 포격 소리가 들려왔다. 11월 19일 소련군이 스탈린그라드의 독일군을 역포위하는 천왕성 작전을 개시한 것이었다. 독일군의 좌익에 포진하고 있던 동맹군인 루마니아군, 헝가리군이 맥없이 무너지며 결국 11월 23일에는 독일군 전체에 대한 포위망이 완성되었다.

포위된 상황 자체는 과거 데미얀스크에서 자이틀리츠를 포함한 독일군이 겪었던 포위 상황과 크게 다를 것이 없었다. 문제는 그때는 병력이 10만 이하였지만 지금은 포위망 안의 인원이 그 세 배인 30만 명에 달한다는 것이었다. 히틀러는 또다시 괴링의 공군에게 항공 보급 여부를 물었고 거침없이 가능하다는 답변이 돌아왔다. 하지만 겨울 폭풍이 몰아치는 11월 말, 비행기 대수도 부족한 상황에서 데미얀스크에 공수했던 물자의 몇 배를 보급해야 했기에 처음부터 작전의 실패는 예견되어 있었다. 하지만 아집과 자기 최면에 빠진 히틀러와 운동 부족으로 비대해진 괴링만이 이를 모르고 있었다. 도착하는 보급품은 실제로 필요한 것에 비해 턱없이 부족했고, 12월 9일이 되자 최초의 독일군 아사자가 나왔다.

데미얀스크에서 공세를 통해 탈출한 경험이 있는 자이틀리츠는 모든 독일 장군들 중 가장 강하게 포위망 탈출을 주장했다. 하지만 히틀러의 명령대로만 움직였던 참모 출신의 제6군 사령관 프리드리히 파울루스(Friedrich Paulus, 1890~1957)는 이러한 주장을 묵살했고, 에리히

스탈린그라드에서 포로가 된 독일군 고위 장교들 중의 자이틀리츠(왼쪽에서 네 번째).

폰 만슈타인 장군이 이들을 구출하기 위해 서쪽에서 '겨울 폭풍' 작전을 개시했을 때도 전혀 움직이지 않았다. 사실 물자를 나르는 말까지도 잡아먹었던 제6군 병사들에게는 이미 도망칠 힘도 남아 있지 않았을 것이다.

1943년 1월이 되자 상황은 이미 끝난 것이나 다름없었다. 히틀러는 더 이상 저항하기가 어렵다는 파울루스 상급대장의 보고를 받고는 그를 오히려 원수로 진급시켰다. 역대 독일군 원수 중 포로가 된 사례가 하나도 없었다는 점에 비춰보면 히틀러는 파울루스에게 암묵적으로 자결하라는 명령을 내린 셈이었지만, 이는 이행되지 않았다. 한편 자이틀리츠는 휘하의 부대에게 개별적으로 항복할 것을 지시했

1장 환멸에 따른 변절자

다. 그리고 자이틀리츠 본인도 스탈린그라드 내 독일군의 공식 항복 이틀 전인 1월 31일에 소련군에 투항했다. 스탈린그라드에서 포로로 잡힌 약 9만 1000명의 독일군 중 한 명이 된 것이다.

반히틀러 활동에 앞장서다

스탈린그라드에서 잡힌 독일군 중 장성은 총 22명에 달했는데 이들은 모스크바 북동쪽으로 300킬로미터 떨어진 곳에 있는 보이코보 수용소에 수감되었다. 이들은 수용 기간 중 90% 이상이 사망한 스탈린그라드 출신 일반 사병들과는 비교할 수도 없는 좋은 대우를 받으면서 지냈다. 이곳은 과거의 별장을 개조한 곳이었고 수용자들은 충분한 식량을 배급받고 독서나 정원 재배 등을 하며 자유롭게 소일거리를 했다.

이러한 자유로운 분위기는 장성급 포로들을 전향시키기 위한 포석이었고 소련 측은 이들을 심문하는 과정에서 자이틀리츠를 '전향 가능성이 높은 인물'로 분류했다. 자이틀리츠는 포위망에서 히틀러가 탈출을 못하게 하자 이를 자신 및 제6군 전체에 대한 '사형 선고'로 보았고 이때부터 히틀러를 엄청나게 혐오하게 되었다.

실제로 자이틀리츠는 소련의 기대에 부응이라도 하듯이 반히틀러를 표방하는 독일군의 선두에 섰고 1943년 9월에는 히틀러에 반대하는 '독일장교연합'에 가입하고 그 의장이 되었다. 파울루스 원수를 포함해 스탈린그라드에서 생포된 11명의 다른 장군들도 여기 합류했다. 독일장교연합은 두 달 후인 1943년 11월, 이미 조직이 구성되어 있던 '자유독일 국민위원회'에 흡수되었는데 여기에는 독일군 사병,

자유독일 국민위원회의 자이틀리츠(앞줄 가운데).

장교 및 좌익 출신 망명 민간인들까지 포함되어 있었다.

　반히틀러 운동을 전개함에 있어 자이틀리츠는 최초에는 수용소를 돌며 반히틀러, 반나치 연설을 하며 자유독일 국민위원회로 전향하도록 병사들을 회유했다. 하지만 수용소에서 만난 독일 포로들의 반응은 매우 냉담했고 심지어 자이틀리츠의 모습을 본 부관조차도 그를 외면했다. 그럼에도 불구하고 이후 그는 단순히 단체를 조직하는데 그치지 않고 본격적인 무장 투쟁까지 염두에 두어 스탈린에게 직접 4만 명의 '독일의용군'을 조직하여 전투에 참여하겠다고 건의했다. 하지만 이러한 제안은 결코 받아들여지지 않았고 단지 독일군에 대항한 소련군의 선전 목적으로만 이용되었을 뿐이었다.

1장 환멸에 따른 변절자

한편 독일에서는 자이틀리츠의 적극적인 이적행위에 대해 궐석 재판이 진행되었고 반역자로서 사형이 선고되었다. 그의 가족들은 연좌제로 묶여서 네 명의 딸을 비롯한 가족들은 게슈타포에 체포되어 강제수용소 및 고아원으로 이송되었고 그의 부인은 그와 이혼하도록 강요받았다(이 결정은 전후에 취소되었다). 또한 기사십자철십자장을 포함한 그의 모든 서훈이 박탈되었다(이 역시 전후 귀국 시에 다시 원복되었다).

씁쓸한 귀국

전쟁이 나치의 항복으로 끝난 후 자이틀리츠는 소련 측에 지속적으로 자신의 석방과 독일의 소련 점령지구로의 귀환을 요청했으나 더 이상 그가 필요하지 않게 된 소련은 오히려 그에게 과거의 죗값을 물었다. 자이틀리츠는 소련에서 벌어진 각종 전쟁 범죄에 대해 재판을 받아 1950년 7월 소련 군사법정에서 사형이 언도되었는데 불과 두어 시간 후에 25년의 징역형으로 감형을 받았다. 이러한 소련의 조치에 대해 그는 "차라리 이곳에서 나를 쏴서 죽여라!"라고 강하게 항의했지만 결국 소위 '교화 수용소'에 수감되어 복역하게 되었다. 더 이상 쓸모가 없어지자 토사구팽당한 것이었다.

이후 5년의 시간이 흘러 스탈린도 죽고 소련은 서독과 남은 포로들을 귀환시키는 데 합의하였다. 최종적으로 자이틀리츠를 포함한 잔존 포로 1만여 명이 귀환하게 되었고, 서독 국민들은 이들을 열렬히 환영했지만 이미 전쟁 때부터 배반자로 낙인찍힌 자이틀리츠를 반겨주는 이는 거의 없었다(그의 상관이었던 파울루스는 2년 전인 1953년에 동독에 정착했다). 그는 임시 수용소에서조차 동료 포로들에게 무시와 배척

마지막 독일 포로
귀환 시 딸을 상봉하는
아버지. 전쟁 중 떠난
아버지는 이날 딸을
처음 보았다(1956년).

을 당했고 오직 그의 아내와 가족만이 그를 반갑게 맞아주었다.

전쟁 전 거주했던 페르덴으로 귀향한 후에도 주변의 차가운 시선을 견디지 못한 그는 결국 친지들이 거주하는 북독일의 브레멘으로 이주했다. 자이틀리츠는 이곳에서 조용히 회고록을 집필하며 칩거하는 생활을 이어가다 1976년 88세의 나이로 죽음을 맞이했다. 그의 회고록은 생전에 출판되지 못했다.

전형적인 프로이센 귀족 가문에서 태어나 조국 독일을 위해 싸웠

1장 환멸에 따른 변절자

으나 포로가 된 이후 독일인들이 가장 증오하는 적의 편에 섰고 배신자의 낙인이 찍힌 사람. 너무나도 극단적인 양편에 서는 과정에서 그가 느꼈을 가장 큰 감정은 아마도 히틀러에 대한 배신감과 복수심이었을 것이다. 하지만 소련도 그를 이용만 했을 뿐 결국에는 범죄자로 처벌했고, 조국으로 돌아간 후에 그는 배신자로 멸시받았다. 그렇게 자이틀리츠는 양쪽에서 이용만 당했던 것이다.

포기를 모르는 이상주의자

카를 프리드리히 괴르델러

라이프치히는 독일 작센주에 위치한 유서 깊은 도시이다. 중세 이후 각종 교역과 문화의 중심지였던 도시 곳곳에서 고풍스러운 건물들을 여럿 볼 수 있는데 특히 시내 중심부에 위치한 고전적인 양식의 신(新) 시청사가 유명하다. 1905년에 지어진 이 건물의 탑은 독일의 여러 시 청사들의 탑 중 가장 높은데 그 높이가 무려 115m에 달한다. 또한 청사는 독일에서 가장 오래된 시립 녹지공간으로 둘러싸여 있는데 이곳의 한쪽에 다소 현대적이면서도 기묘한 모양을 한 조형물이 있다. 이 조형물은 우물처럼 안으로 패인 삼단의 원형 계단이 있고 가운데 구멍의 바닥에는 청동 종이 놓여 있는 구조인데, 원형 계단 바깥쪽에는 여러 독일어 문장이 새겨져 있다.

조형물의 공식 명칭은 '카를 괴르델러 기념비(Carl Goerdeler Denkmal)'로 한때 라이프치히의 시장이었던 인물을 기리는 것이며, 원형 계단 바깥의 독일어 문장들은 그의 유명한 어록과 글을 모아서 연대순으로 새긴 것이다. 이러한 기념물이 제작된 이유는 단순히 이 괴르델러라는 인물이 라이프치히의 시장이었기 때문만은 아니다. 그는 독일 역사상 가장 어두웠던 시대를 겪으면서 온몸으로 이에 맞섰던 저항가이자 유능한 관료였다. 그의 인생에는 나치 치하 독일 엘리트들의 고민과 좌절이 그대로 녹아 있다.

프로이센인의 전형

카를 프리드리히 괴르델러는 지금은 폴란드 영토가 된 독일 동부의 슈나이더뮐(지금의 폴란드 피와)에서 1884년 7월에 4남 1녀 중 셋째로 태어났다. 그의 집안은 증조부 이후 대대로 법률가의 길을 걸었는데

독일
슈나이더뮐에
있던 괴르델러의
생가.

괴르델러의 아버지는 이에 더해 정치에도 관심을 가졌고 자유보수당 소속으로 주의회 의원도 역임했다.

　집안의 가풍은 전형적인 프로이센식의 엄격하고 절제된 분위기였는데 아버지를 중심으로 의사 결정이 이루어지는 수직적인 구조였다. 괴르델러의 아버지는 신실한 루터교인이자 군주제의 열렬한 신봉자로서 자식들에게도 자신의 사상을 주입시켰지만 동시에 활발한 대화와 토론을 통해 비판적인 사고를 가지도록 자식들을 훈련시켰다. 이러한 유년의 경험은 그의 보수적인 사상 및 정치적인 관점을 형성했다.

　1902년 고등학교 졸업시험에 합격한 괴르델러는 진로를 고민하던 중 당시 세계로 팽창을 준비하던 독일 제국 해군에 매료되었고 북독일의 킬에 위치한 해군사관학교에 진학했다. 하지만 가족의 따뜻함을 그리워한 그는 사관학교의 혹독한 규율에 적응하지 못했고 입교

몇달 만에 중도 포기하고 말았다.

결국 괴르델러는 아버지의 길을 따라 법률가가 되기로 결심했고 바덴-뷔르템부르크주의 튀빙겐에 위치한 에버하르트카를스 대학에서 법학은 물론 경제학도 병행하여 공부했다. 이후 철학자 칸트의 도시인 동프로이센 쾨니히스베르크의 알베르티나 대학에서 학업을 이어갔고 변호사 시험에 합격하게 된다.

당시 쾨니히스베르크 시장은 괴르델러의 아버지의 친구였는데, 그는 정치에 관심이 많은 친구의 아들에게 세상을 배우기 위한 경험으로 은행에서의 인턴 근무를 권유했다. 괴르델러는 베를린의 프로이센 주립은행에서 인턴 근무를 했고, 이러한 경험을 통해 거시적인 경제에 대한 안목을 가진 변호사로서 훗날 다양한 정부 정책을 수립하는 데 필요한 기초적인 역량을 키울 수 있었다.

본격적인 사회생활을 시작한 그는 1911년 독일 북서부에 위치한 졸링겐의 법무직 공무원으로 공직 사회에 첫발을 내딛게 된다. 졸링겐은 칼 제조로 유명한 당대의 산업도시였는데 괴르델러가 나고 자란 조용하고 목가적인 분위기의 동부 독일과는 사뭇 다른 곳이었다. 1912년에 그는 지방자치위원으로 활동하게 되어 성장하는 도시의 교육, 사회, 금융 시스템 및 세금 등을 관리하는 역할을 맡았다. 이러한 직무를 통해 괴르델러는 행정 제반에 대한 실무를 경험하는 한편, 실제로 훌륭하게 운영하여 공직 사회의 주목을 받게 된다. 시간이 지나면서 그는 사실상 졸링겐의 부시장으로서 역할을 수행했으며 시에 없어서는 안 될 사람으로 자리매김하게 되었다.

이 모든 것은 독일이 1차 대전에 참전한 1914년 8월이 되자 중단되고 말았다. 성인 남성에 대한 총동원령이 내려졌고 열렬한 애국자인

1차 대전 당시 동부전선의 괴르델러.

괴르델러는 포병 장교로서 동부전선에서 복무하게 되었다. 그는 유명한 타넨베르크 전투 및 발트해 연안과 벨로루시 일대의 전투에 참가하였고 전쟁 후반부에는 동부전선의 독일 점령지에 대한 재무 관리를 맡기도 하였다. 이러한 일련의 공로를 통해 괴르델러는 철십자장을 두 번이나 수여받는 등 전쟁 기간 동안 자신의 능력과 용맹을 마음껏 발휘하였다.

하지만 그의 열정적인 헌신에도 불구하고 조국 독일은 전쟁에서 패배해 국내외의 영토를 상실했고 무엇보다도 그의 동생 프란츠가 서부전선에서 전사했다. 괴르델러는 가족의 비극과 더불어 패전국의 장교로서 불안한 미래에 대한 걱정을 안은 채 조국 독일로 돌아왔다.

행정과 협치의 달인

괴르델러가 목격한 1차 대전 후의 독일, 특히 베를린은 좌파와 우파가 극단적으로 대립하는 혼란 그 자체인 상황이었다. 그는 보수적인 사고를 가진 예비역 장교로서 우익인 자유군단에 가입했고 혁명을 준비하던 스파르타쿠스단(독일공산당의 전신)에 대항해 시가전에 참여했다. 당시 우익 세력의 관점에서 볼 때 좌익은 잘 싸우고 있던 독일을 혁명으로 혼란시켜 패전으로 이끌고 간 매국노들이었다(소위 '등 뒤의 비수' 이론으로, 이 좌익들의 중심에 유대인의 음모가 있다는 것이 나치의 주요한 선동이었다).

혼란이 이어지는 가운데 당시까지 가장 민주적인 헌법을 가졌다고 평가받는 바이마르 공화국이 수립되었는데 군주제를 선호하는 괴르델러를 포함한 많은 우익 세력들은 이를 매우 탐탁지 않게 여겼다. 그는 극우 보수정당인 독일국가국민당(Deutschnationale Volkspartei, DNVP)에 가입했고 바이마르 공화국과 베르사유 조약에 반대하는 입장을 분명히 했다.

이러한 상황에서 괴르델러는 다시 행정 전문가로서 일하게 되었다. 1920년 2월에 동프로이센의 쾨니히스베르크 부시장으로 선출된 것이다. 당시 쾨니히스베르크의 상황은 대단히 복잡했다. 독일은 베르사유 조약에 따라 신생 폴란드에 바다로의 출구를 내주기 위해 단치히를 포함한 소위 '폴란드 회랑'을 넘겨주게 되었고, 이에 따라 쾨니히스베르크는 독일 본토와 분리되어 섬과 같은 존재가 되었다. 이는 괴르델러를 비롯한 많은 독일인들에게 깊은 상처와 원한을 남겼고 도시 곳곳에는 반폴란드 정서가 팽배했다. 훗날 히틀러의 전쟁에 반대하던 독일 장교들조차 폴란드와의 개전에는 아무런 죄책감을 가지지 않았던 데에는 이러한 시대적 배경이 있었다.

한편 쾨니히스베르크에는 괴르델러와는 정치적 성향이 다른 사회민주당이 우세했다. 이들은 우익 정당 소속인 괴르델러를 경계했고, 시정 협조도 쉽지 않을 듯 보였다. 하지만 괴르델러는 정당의 이익을 초월하여 시정을 펼치겠다고 선언했고 사회민주당 측 인사들에게 적극적으로 다가가 협력을 요청했다. 더불어 과거부터 쌓아왔던 그의 전문 행정 능력이 빛을 발하면서 냉소적이었던 사회민주당원들도 협력하기 시작했다. 그는 쾨니히스베르크 시절 공공의 이익을 위해 성향이 다른 상대방과 협치하는 것을 배웠고 훌륭히 마무리 지었다. 그가 쾨니히스베르크를 떠날 때 사회민주당원들은 더 이상 적이 아니었고 그의 앞길에 진심 어린 축하를 보내주었다. 그의 다음 행선지는 작센주의 최대 도시이자 문화와 예술의 고향인 라이프치히였다.

전국적인 인물로 부상하다

1930년 5월 괴르델러는 독일국가국민당 등의 보수 정당은 물론 일부 사회민주당, 심지어 나치당의 표까지 흡수하여 라이프치히의 시장으로 선출된다. 당시 쾨니히스베르크가 독일 동부 변방의 중간 규모의 도시였다면 라이프치히는 명실상부한 독일 내 최상급 주요 도시 중 하나였다. 그의 이러한 성공은 개인적으로도 큰 의미를 가지고 있었는데 마침내 전 독일로 그의 명성이 알려지기 시작했던 것이다.

한편 괴르델러가 라이프치히 시장이 된 것은 이미 1929년 10월 미국 월가에서 시작된 대공황이 전 세계를 강타한 뒤였다. 수출을 통한 외화 수입에 의존하던 독일 경제는 주요 수출국들의 침체에 따라 타격을 입기 시작했는데, 이러한 상황은 적자였던 라이프치히시의 재정을 더욱 악화시킬 것으로 예상되었다. 괴르델러는 초긴축정책을 통해 최대한 허리띠를 졸라맸고 시의 조직을 축소해 보다 기민하게 움직일 수 있는 조직으로 개편했다. 또한 주택 문제가 점차 심각해지는 것을 인지하여 시 외곽 지역을 개발해 고용도 늘리며 문제 해결을 꾀하는 등 긴축 상황 아래서도 필요한 곳에는 과감한 지출을 주도했다.

괴르델러의 여러 노력은 베를린의 중앙부처에서도 주시할 정도로 주목의 대상이 되고 있었다. 당시 총리이자 괴르델러의 친구였던 하인리히 브뤼닝(Heinrich Brüning, 1885~1970)은 1931년 12월에 괴르델러를 국가가격조정위원장으로 임명한다. 하지만 당시 브뤼닝 내각은 이미 대내외적으로 실패한 정부로 각인되어 있었고 괴르델러 역시 마찬가지 견해를 가지고 있었다. 그는 군주제의 옹호자로서 군주가 집권하되 실제 권력 행사는 제한하는 영국식 입헌군주제를 이상적인 것으로 보았다.

브뤼닝은 총리 자리에서 물러나면서 파울 폰 힌덴부르크(Paul von Hindenburg, 1847~1934) 대통령에게 괴르델러를 그의 후임자로 추천했으나 힌덴부르크는 괴르델러가 속했던 독일국가국민당이 종종 자신을 비판한다는 점에서 반감이 컸고 그를 총리로 임명하길 거부하였다. 결국 1932년 5월에 외교관 출신의 프란츠 폰 파펜(Franz von Papen, 1879~1969)이 브뤼닝의 후임이 되었고, 얼마 지나지 않아 또 한 사람의 이름이 신임 총리로 오르내리게 된다.

나치의 집권과 갈등의 시작

1933년 1월 '콧수염을 기른 창백한 사내'가 독일의 총리로 임명되면서 독일의 역사는 비극적인 운명에 휘말리게 된다. 히틀러가 집권을 시작했을 때만 해도 괴르델러와 나치 사이에는 여러 분야에 걸쳐 어느 정도 공감대가 형성되어 있었다. 양측 모두 독일에 굴욕적인 베르사유 조약의 파기를 외쳤고 폴란드 등에 빼앗긴 독일 제국 시절의 영토 회복을 강하게 주장하였다. 하지만 유대인 문제를 두고 괴르델러와 나치 사이의 갈등이 시작되었다.

1933년 4월 나치는 전국적인 반유대 운동의 일환으로 유대인 제품 불매운동을 벌였다. 이러한 행동은 자유주의자였던 괴르델러의 신념에 반하는 일이었고 그는 라이프치히 내에서 탄압을 받던 몇몇 유대인 사업가들을 지원해 주기도 하였다. 이때부터 괴르델러의 이상주의자로서의 모습이 드러났는데 그는 자신의 논리와 설득으로 나치의 부당한 정책들을 철회할 수 있을 것이라고 굳게 믿었다. 괴르델러는 자신의 의견을 몇 차례인가 히틀러에게 편지 형식으로 보냈는데 많은 경우 그에게 전달되지 않았다.

괴르델러는 나치의 외교 정책에도 불만이 있었는데 아이러니하게도 독일 영토의 회복을 원하는 그에게 히틀러가 1934년 1월 폴란드와 맺은 불가침 조약은 독일의 영토를 그냥 포기하는 것으로 비춰졌다. 한편 괴르델러 휘하에는 나치당 소속인 루돌프 하케가 부시장으로 있었는데 이 두 명은 '한 유대인'에 관한 문제로 서로 충돌하게 된다. 그 유대인은 바로 최고의 클래식 작곡가 중 한 명인 펠릭스 멘델스존(Felix Mendelssohn, 1809~1847)이었다.

라이프치히의 전설적인 연주회장인 게반트하우스 앞에는 멘델스

라이프치히 게반트하우스
앞에 있던 멘델스존 동상.

존의 동상이 세워져 있었다. 유대인인 멘델스존의 음악은 이미 독일
에서 연주 금지되어 있었고, 나치당원인 하케는 유대인의 동상을 라
이프치히에 남겨두는 것에 대해 대단한 반감을 가졌으며 독일인의
수치라고 생각했다. 그는 괴르델러에게 멘델스존 동상의 즉각적인
철거를 요구했다.

그러나 괴르델러의 생각은 달랐다. 보수적이지만 기본적으로 자유
주의자였던 그는 히틀러, 괴벨스를 비롯한 나치 최고위 인사들과도

접촉하여 동상의 존립을 요청했고 긍정적인 답변도 받아냈다. 문제는 1936년 후반에 일어났는데, 괴르델러가 스웨덴으로 출장을 떠난 틈을 타 부시장 하케가 해당 동상의 철거를 일방적으로 강행했던 것이다.

출장에서 돌아온 괴르델러는 대노했고 즉각적인 동상의 원상 복구를 요구했지만 이는 결코 이루어지지 않았다. 일이 이렇게 흘러가자 괴르델러는 나치당에 속해 있지 않은 자신의 무력함을 절감하는 동시에 이제 떠나야 할 시기임을 직감했다. 결국 1937년 3월에 괴르델러는 라이프치히 시장직을 사임했고 십수 년 동안 몸담았던 공직에서 물러났다.

이후 그는 산업용 부품을 제조하는 보쉬사(社)의 해외영업 담당 임원으로 스카우트되었고, 이를 통해 많은 해외 출장 및 여행의 기회를 가지게 되었다. 또한 이러한 여행을 통해 악한 권력을 좌시하지 않고 비수를 겨누는 일에 본격적으로 나서게 된다.

저항의 중심에 서다

보쉬의 대표인 로베르트 보쉬(Robert Bosch, 1861~1942)는 나치를 '증대하는 위협'으로 간주했고 이들의 실체를 서방 세계에 알리기 위해 노력하고 있었다. 이러한 배경으로 나치에 대해 실질적인 위협을 느끼고 있던 괴르델러와 공감대를 형성할 수 있었다. 괴르델러는 보쉬의 해외영업 담당 직함을 적극 활용하여 대외적으로 활발한 반나치 활동을 전개했다. 동시에 히틀러에게는 과거처럼 지속적으로 편지를 보내 이상적인 정책에 대해 조언을 하였고 그가 조금이나마 변하기를 기대했다.

하지만 히틀러는 괴르델러의 편지를 거의 보지 않았고 한물간 귀찮은 노인네의 잔소리 정도로 치부하였다. 히틀러에게 아무런 개선을 기대하기 힘들다는 것이 분명해졌을 때인 1938년에 괴르델러는 더 이상의 설득은 무의미하다고 결론지었다. 이러한 상황에서 괴르델러에게 남은 선택지는 너무나도 분명해 보였다.

이제 괴르델러는 나치에 대항하여 명백하고도 적극적인 이적행위를 하고 있었다. 그는 해외출장을 빙자하여 영국과 미국의 주요 외교관 및 인사들을 만났고 심지어 영국으로부터는 'X'라는 공작명으로 불리게 된다. 이러한 비밀스러운 자리에서 괴르델러는 독일의 암울한 상황을 설명하거나 나치의 정책과 관련한 고급 정보, 특히 히틀러의 진짜 의도와 목적에 대해 공유했다. 제공된 정보들은 나치에 반감을 가지고 있던 독일 내 여러 고위층으로부터 나왔는데 그중에는 독일의 대외정보국 아프베어(Abwehr)의 수장인 빌헬름 카나리스(Wilhelm Canaris, 1887~1945) 제독도 있었다.

괴르델러는 동시에 군부 내 반나치 세력들과도 접촉하기 시작했다. 독일군 최고위층의 대다수는 귀족 및 중산층 이상 출신으로 '오스트리아 태생의 사병'이었던 히틀러의 명령을 듣는 것을 싫어했다. 이런 상황에서 히틀러는 국방군(Wehrmacht)을 장악하기 위해 음모를 꾸몄는데 최고참 장군인 베르너 폰 블롬베르크(Werner von Blomberg, 1878~1946)는 새로 결혼한 아내가 매춘 경력이 있다 하여 반강제로 사임시켰고 후임자인 베르너 폰 프리치(Werner von Fritsch, 1880~1939)는 동성애자로 몰아 역시 물러나게 했다.

소위 '블롬베르크-프리치 사건'을 통해 독일 육군은 히틀러에게 사

1934년 베를린에서 함께 행사에 참석한 프리치(가운데)와 블롬베르크(오른쪽).
왼쪽의 장군은 2차 대전 시 독일군 최고위 장성인 게르트 폰 룬트슈테트이다.

실상 장악당하게 되었으나, 동시에 그에 대한 반감도 높아졌다. 이
러한 반감은 '체코슬로바키아 위기'가 고조되던 1938년 8월에 절
정에 달했는데 당시 육군 참모총장이던 루트비히 베크(Ludwig Beck,
1880~1944)는 무모한 히틀러의 도발에 강력히 항의했고 사임하게 된
다. 베크는 이후 괴르델러 등과 접촉하며 반히틀러, 반나치 진영에 합
류해 적극적으로 활동하게 되었다. 하지만 문제는 베르사유 조약 파
기, 라인란트 진군, 오스트리아와 체코 병합 등 히틀러의 연이은 외교
적 성공에 따라 독일 장교들의 절대 다수가 아직은 히틀러를 지지하
고 있었다는 점이다.

시간이 흘러 본격적인 세계대전이 시작되었고 독일은 순식간에 폴란드를 제압했다. 독일 군부 내 반히틀러 세력은 프랑스와의 전쟁이 가시화되자 다시 움직이기 시작했다. 그도 그럴 것이 프랑스는 당시 최강의 육군 강국이었다. 더불어 여전히 많은 독일 장교들이 서부전선의 지옥 같은 참호 속에서 죽어갔던 1차 대전의 전우들을 기억하고 있었다.

괴르델러는 베크와 함께 육군 총사령관인 발터 폰 브라우히치(Walther von Brauchitsch, 1881~1948)나 육군 참모총장인 프란츠 할더(Franz Halder, 1884~1972) 등과 접촉했는데 이들도 프랑스와의 전쟁을 '국가적 자살 행위'로 보고 있었고 어느 정도 반히틀러 측에 지지 의사를 표명했다. 하지만 이들은 결정적인 순간에 등을 돌렸는데 특히 할더는 히틀러가 비록 독재자이지만 현 상황에서 그를 대체할 만한 인물이 없고 여전히 다수 장교들이 그를 지지한다면서 괴르델러 측에 쿠데타 참여 불가 의사를 전했다.

이후 에리히 폰 만슈타인 장군의 '낫질 작전'을 통해 불과 6주 만에 프랑스를 점령한 히틀러는 인생의 절정기를 맞았고, 독일 국민들은 그를 '베르사유의 굴레'를 벗긴 민족의 영웅으로 칭송하게 된다. 반히틀러 쿠데타는 다시 기약 없이 연기되었고 괴르델러와 베크 등은 크나큰 좌절감을 느꼈다. 하지만 이들은 결코 포기하지 않았고 다음 기회를 포착하기 위해 준비하고 있었다.

거사를 향한 준비

히틀러는 권력의 정점에 섰으나, 반히틀러 세력을 다시 결집하게 되는 단초 역시도 결국 히틀러 자신이 제공하였다. 그 시작은 1941년 6월 22일의 소련 침공이었다. 초기에 파죽지세로 소련군을 몰아붙이던 독일군은 1941년 12월에 모스크바 외곽에서 진격을 멈추었고, 이후 북아프리카와 스탈린그라드의 패배를 거치며 그 신화도 끝난 듯 보였다. 더불어 1943년 7월의 쿠르스크 전투 이후 독일군은 더 이상 공격에 나설 수 없었고 끝없는 후퇴의 길에 오르게 된다. 이러한 상황 변화에 다시 군부 내 히틀러에 대한 반발의 목소리가 커지게 되었고 그를 끌어내리고 전쟁을 끝내야 한다는 이들도 점차 늘고 있었다.

이러한 암살 시도 중 가장 위협적이었던 것은 동부전선의 중부집단군 참모장 헤닝 폰 트레슈코프(Henning von Tresckow, 1901~1944)의 시도였다. 그는 1943년 3월 히틀러의 전선 시찰에 맞추어 프랑스산 코냑 술병에 영국제 플라스틱 폭발물을 몰래 장착했고 히틀러가 탑승한 Fw-200 기내에 반입하는 데 성공했다. 하지만 화물칸의 낮은 온도가 폭발물의 활성화를 늦추었고 암살 시도는 어이없게 실패하고 만다. 전쟁이 독일 측에 불리하게 돌아갈수록 히틀러는 외부 방문을 줄였고 그를 암살할 기회도 줄어들고 있었다. 히틀러는 결코 쉽게 죽을 인물이 아니었다.

한편 괴르델러도 이러한 시간을 헛되이 보내지 않았는데 그는 '프라이부르크 서클'이라 불리던, 프라이부르크 대학 교수들이 주축이 된 반나치 토론 모임을 통해 전후 독일에 필요한 행정부와 헌법 체계에 대해 연구하고 고민했다. 또한 친분이 있던 스웨덴의 재벌 발렌베리 가문을 통해 영국과 미국에 소통 채널을 구축해 놓았고 히틀러 제거 후 이들과 협력할 준비도 갖추고 있었다.

더불어 예비역 상급대장이던 베크 이외에 다른 고위 장교들을 포

1944년 7월 20일의
히틀러 암살 시도의 주도자 중
한 명인 클라우스 폰 슈타우펜베르크.

섭하기 위해 동분서주했는데 이러한 과정을 통해 에르빈 폰 비츨레
벤(Erwin von Witzleben, 1881~1944) 예비역 원수, 중부집단군 사령관인
귄터 폰 클루게(Günther von Kluge, 1882~1944) 원수(그의 참모장이 바로 헤
닝 폰 트레슈코프 장군이었다. 다만 클루게는 트레슈코프의 히틀러 암살 시도를
막으려 했다) 등을 끌어들이게 된다. 반히틀러 측은 다른 고위 장군들
에게도 접촉했으나 몇몇은 계획을 총괄하는 인물이 우유부단하다고
평가받는 베크라는 이유로 거절했고, 많은 이들이 이미 히틀러의 돈
에 포섭되어 있었다. 다행히도 접촉자들은 이러한 접선 사실을 게슈
타포에게 고발하지는 않았다.

카를 프리드리히 괴르델러 포기를 모르는 이상주의자　　　　　　　69

1943년 가을에는 반히틀러 모임에 한 인물이 가입하게 된다. 그는 북아프리카 튀니지 전선에서 왼쪽 눈과 왼손 손가락 두 개, 오른손 전체를 잃었지만 독일 장교로서 당당하고 의연한 태도를 잃지 않았다. 그는 육군 중령이었고 바이에른 명문 귀족 출신으로 다소 긴 이름을 가진 미남자였는데 공식적인 이름은 클라우스 필리프 마리아 유스티니안 솅크 그라프 폰 슈타우펜베르크(Claus Philipp Maria Justinian Schenk Graf von Stauffenberg, 1907~1944)였다.

괴르델러와 슈타우펜베르크의 첫 만남은 그리 호의적이지 않았는데, 자아가 강한 두 사람은 서로의 존재감에 불편함을 느끼고 있었다. 괴르델러의 견해에 따르면 슈타우펜베르크는 진취적이긴 하지만 좌충우돌하며 좌익 사상에 경도된 이상주의자였다. 하지만 반히틀러 진영은 이러한 슈타우펜베르크로부터 엄청난 도움을 받는다. 지금까지의 난제였던 쿠데타 실행 시 동원할 군대와 명령권자에 대한 구체적 승인을 얻어낸 것이다. 그 승인을 해준 것은 다른 누구도 아닌 바로 히틀러였다.

발퀴레 작전

전쟁이 시작되면서 독일에는 수백만의 외국인 노동자들이 강제수용소 및 기업의 공장 등에 끌려와서 일하게 되었는데, 독일 당국에게는 이들의 관리가 상당히 골치 아픈 문제였다. 더구나 연합군의 독일 본토 폭격이 심해지면서, 이들이 순식간에 통제불능의 폭도로 변할 가능성이 상존했다. 본래 '발퀴레 작전'은 이러한 상황을 상정하여 독일 육군 최고사령부(Oberkommando des Heeres, OKH) 내 보충군을 동원하여 폭동을 진압하는 것이 그 주된 내용이었다.

반히틀러 측 인사들은 실제로 동원할 수 있는 군대가 절실히 필요했고, 발퀴레 작전의 보충군의 존재에 주목했다. 문제는 이러한 긴급 상황 또는 폭동이 언제 일어날지 모른다는 것이었고, 보충군을 관장하는 프리드리히 프롬(Friedrich Fromm, 1888~1945) 상급대장은 히틀러와 반히틀러 세력 양측 사이에서 이중적인 태도를 취하고 있었다.

이때 트레슈코프 장군이 계획을 재검토하면서 묘안을 짜내게 된다. 긴급 상황의 정의를 '외국인들의 폭동' 대신에 '히틀러의 죽음'이라는 보다 긴박한 상황으로 바꾸려 한 것이다. 이때 보충군은 정부 부처, 방송국 등 국가 주요 시설을 점령하고 반대 세력(친히틀러 세력과 친위대)을 체포하기로 되어 있었다. 물론 '히틀러의 죽음'은 반히틀러 측 인사들이 암살을 통해 만들어야 할 상황이었다. 남은 과제는 이러한 계획서에 히틀러의 승인이 필요하다는 점이었다. 누군가가 고양이의 목에 방울을 달아야 했다.

슈타우펜베르크는 부상 후 제대하지 않고 대령으로 진급했으며 베를린의 보충군 참모장으로 복무하게 된다. 보충군에는 양측을 저울질하고 있던 박쥐와 같은 프리드리히 프롬 총사령관과 슈타우펜베르크의 상관이자 반히틀러 측의 핵심 인물인 프리드리히 올브리히트(Friedrich Olbricht, 1888~1944) 장군도 속해 있었다.

올브리히트는 수정된 발퀴레 작전 계획서를 준비했고 저돌적인 슈타우펜베르크는 히틀러의 사망 상황이 포함된 수정 계획서를 히틀러에게 직접 보고하고 사인을 받아냈다. 드디어 고양이 목에 방울이 달렸고, 이제 고양이를 죽이는 일만 남았다. 히틀러를 죽인 후 구성할 임시정부의 명단도 작성되었는데 베크는 정부 수반이 될 것이었고 괴르델러는 내각 총리로, 비츨레벤 원수는 국방군 사령관으로 내정되어 있었다.

1944년 6월 이후 독일의 운명은 급격하게 기울기 시작했다. 서부에서는 연합군이 노르망디에 상륙하였고 동부전선에서는 소련군이 '바그라티온 작전'으로 독일군의 중추인 중부집단군을 괴멸시켰다. 반히틀러 그룹에게는 시간이 많지 않았다. 현재 상태에서 히틀러를 제거하고 최대한 빠른 시간 내에 '복수심에 불타는' 소련군이 아닌 연합군과 단독 강화를 맺는 것이 조국 독일을 구할 수 있는 유일한 길로 보였다.

당시 히틀러는 동프로이센의 볼프샨체(독일어로 '늑대굴'이란 뜻. 당시 히틀러의 동부전선 작전지휘소로 현재 폴란드의 켕트신에 있었다)에 머물면서 작전 및 회의에 참석하고 있었다. 슈타우펜베르크는 보충군의 참모장으로 이러한 회의에 참석할 자격이 있었다. 7월 14일에 슈타우펜베르크는 가방에 폭약을 넣고 회의에 참석했지만 괴링과 힘러가 없었기 때문에 거사를 실행하지 않았다.

다음 날인 7월 15일에 다시 암살 시도가 있었고 이번에는 괴링과 힘러 모두 참석했지만 정작 히틀러가 회의장을 조기에 떠나 작전이 취소되었다. 이후 반히틀러 측은 극도로 조급해졌다. 게슈타포에게 음모가 발각되었고 이들이 체포망을 조여온다는 소문이 들렸던 것이다. 이제는 더 이상 물러설 곳도 없었고, 마침내 운명의 날이 다가왔다.

7월 20일

괴르델러는 7월 16일에 가족들과 작별 인사를 하고 자신의 라이프치히 자택을 떠나서 베를린의 베크 장군 등 일행들과 합류했다. 7월 17일에는 괴르델러에 대한 체포영장이 발부된 상황이라 그는 베를린의 지인 집에 은신했고 수시로 라디오를 들으며 거사의 진행 및 결과를 조마조마하게 기다리고 있었다. 매 순간이 마치 수십 년처럼 느껴지는 지루하고 숨 막히는 시간이었다.

슈타우펜베르크는 7월 20일에 다시 회의에 참석했는데 그의 부관인 베르너 폰 헤프텐 중위와 함께 볼프샨체에 들어갔다. 이들은 폭약이 든 가방을 든 채 몇 차례의 검문소를 거치며 이동했는데 회의장이 있는 건물까지 무사히 도착했고 아무도 의심하지 않았다. 그날은 몹시도 무더운 날이었고, 슈타우펜베르크는 땀에 젖은 셔츠를 갈아입기 위해 독일 국방군 최고사령관인 빌헬름 카이텔(Wilhelm Keitel, 1882~1946)에게 그의 집무실 안 화장실을 쓰게 해달라 요청했다.

그 안에서 슈타우펜베르크는 장애가 있는 손가락으로 어렵게 폭약의 기폭장치를 활성화해 시한폭탄을 가동시켰다. 이후 베를린에서 중요한 전화가 올 것이라 얘기해 미리 선수를 쳐두었고, 가방을 히틀러 근처에 놓은 후 조용히 방을 빠져나갔다. 잠시 후인 12시 42분에 엄청난 굉음과 함께 폭발이 일어났고 슈타우펜베르크는 부관과 함께 볼프샨체를 무사히 빠져나와 베를린으로 향하는 비행기에 몸을 실었다. 반히틀러 측인 에리히 펠기벨(Erich Fellgiebel, 1886~1944) 통신 대장이 볼프샨체와 외부와의 모든 통신선을 차단시켰다.

그날 반히틀러 측 장군들 다수는 보충군 본부가 위치해 있던 베를린의 벤들러 지구에 모여 있었다. 베크 장군은 이러한 거사가 '독일 국민의 뜻'으로 보여야 한다며 군복이 아닌 정장을 입고 있었다. 초조하게 결과를 기다리고 있던 이들에게 마침내 볼프샨체에 있던 펠기벨 장군의 전화가 걸려왔다. 히틀러가 살아 있다는, 믿고 싶지 않은 소식이었다.

이 와중에 베를린에 도착한 슈타우펜베르크가 전화를 통해 히틀러가 죽었다는 소식을 전하자 상황은 더욱 혼란스러워졌다. 발퀴레 작전을 개시해야 할지 말아야 할지를 결정해야 하는 난처한 상황에 처한 것이었다. 히틀러가 살아 있다고 믿으며 병력 출동에 반기를 드는 프롬을 올브리히트가 제압했고, 오후 4시 무렵 발퀴레 작전 발동을 명령했다. 이후 베를린은 물론 유럽 각국에서 나치당원 및 친위대 장교 등을 체포하기 시작했다.

한편 히틀러는 실제로 살아 있었다. 보고자인 하인츠 브란트 대령이 다리에 걸리적거리는 폭약 가방을 옆쪽으로 옮겼고, 두꺼운 탁자 다리 덕분에 폭발의 위력이 감소되어 총통은 겨우 목숨을 건질 수 있었다. 저녁 7시 무렵에는 히틀러도 어느 정도 회복한 상태였으며 괴벨스를 체포하러 온 그로스도이칠란트 사단의 수도경비대대 장교에게 자신의 목소리를 확인시켜 본인이 살아 있음을 믿게 만들었다.

이후 사태는 급반전하여 슈타우펜베르크를 비롯한 반히틀러 측 인사들이 하나둘 체포되기 시작했다. 양측에 붙었던 교활한 프롬은 반히틀러 그룹과 자신의 연결 고리를 제거하기 위해 슈타우펜베르크와 올브리히트 등을 즉결 심판으로 처형시켰다. 모든 것이 끝났음을 알게 된 루트비히 베크 장군은 권총으로 자살했다. 이렇게 해서 게슈타포에게 '검은 오케스트라(Schwarze Kapelle)'로 불리던 반히틀러 그룹의 야심 찬 계획은 하루도 되지 않아 물거품이 되었다.

무솔리니(왼쪽)와 함께 암살 시도 현장을 돌아보고 있는 히틀러.

위대한 유산

이후 폭발로 고막을 다친 히틀러는 광분했고, 모든 반대파를 잡아들여 죽이라는 분노에 찬 명령을 내렸다. 독일 전역에 걸쳐 7000명 이상의 사람들이 체포되었고 거의 5000명이 처형당했다. 체포된 사람 중에는 과거 독일군 참모총장이자 초기에 반히틀러 그룹과 접촉했던 프란츠 할더도 있었다(그는 남은 전쟁 기간을 강제수용소에서 보내게 된다). 괴르델러는 은신을 이어가던 중 8월에 독일 동프로이센의 마리엔베르더에서 지역 주민의 밀고로 체포되었다.

이후 괴르델러는 나치 독일의 인민법정에 세워졌는데, 9월에 맹목

1944년 9월 인민법정에서 재판을 받고 있는 괴르델러.

적인 사법 살인으로 악명 높던 판사 롤란트 프라이슬러(Roland Freisler, 1893~1945)에게 사형을 선고받게 된다. 히틀러는 고위 반역자들에 대한 잔인한 복수를 준비했는데 이들을 푸줏간 갈고리에 매달고 목을 피아노 줄로 감아 서서히 고통스럽게 죽어가게 하며 이를 촬영했다. 대부분의 군인 출신 인사들은 10월 이전에 처형당했다.

한편 괴르델러는 동료들의 이름을 발설했고(게슈타포에게 혼선을 주어 다른 사람들이 도망갈 시간을 벌게 해주었다는 주장도 있다), 덕분에 고문을 당하지는 않았다고 전한다. 하지만 투옥 기간 중 극심한 굶주림과 감옥의 비인간적인 환경 탓에 나날이 쇠약해졌다.

해가 바뀌어 1945년이 되자 이제 독일 본토를 무대로 전투가 벌어지게 된다. 소련군이 폴란드를 해방시키고 오데르강 동쪽에서 베를

1장 환멸에 따른 변절자

린의 공격을 준비하던 2월이 되자 마지막 남아 있던 저항인사들도 처형 대상이 되었다. 여기에는 괴르델러도 포함되었고, 2월 2일 베를린 플뢰첸제 교도소의 차갑고 음산한 날씨 속에 그와 다른 민간 인사들의 교수형이 집행되었다. 괴르델러는 그의 죽음을 통해 독일이 행한 일에 대한 속죄가 되었으면 한다는 마지막 유언을 남겼다.

결국 괴르델러를 포함한 반히틀러 그룹의 쿠데타는 허망하게 막을 내렸고 참여자들은 비참한 최후를 맞이했다. 하지만 이들이 세상에 전한 메시지와 그 울림은 결코 작지 않았다. 이들은 독일에도 '독재와 학살'에 반대하는 목소리가 있다는 것을 분명히 보여주었고, 독일이란 나라가 다시 유럽과 세계의 일원으로 언제라도 복귀할 수 있음을 증명했던 것이다.

2장

시대의 희생양

본인의 의지보다는 역사의 흐름에
따라 휩쓸려 가는 과정에서
모국에 등을 돌리게 된 사람들이다.
적극적인 변절이라기보다는
나름의 사명감에 따른 혹은 생존을
위한 선택이었다고 볼 수 있다.

필리프 페탱

프랑스의 군인, 정치가

아이바 토구리 다키노

일본계 미국인, 일본의 대(對) 연합군 선전요원

마를레네 디트리히

독일의 영화배우, 가수

구국의 영웅인가?
허수아비 부역자인가?

필리프 페탱

2018년 11월 프랑스는 대통령 에마뉘엘 마크롱의 발언 하나를 두고 온 나라가 엄청난 사회적 논란에 휩싸였다. 마크롱은 1차 대전 종전 100주년을 맞아 당시의 격전지 중 한 곳이었던 샤를빌-메지에르를 방문하여 전사자 기념비에 헌화했는데, 이 자리에서 1차 대전 당시 프랑스군 총사령관이었던 필리프 페탱을 위대한 군인이라고 칭했던 것이다.

프랑스 역사를 잘 모르는 제3자가 본다면 고개를 갸우뚱할 수도 있지만 문제는 페탱 장군이 2차 대전 당시 친독 정부였던 비시 프랑스의 수반이었다는 데 있었다. 비록 마크롱 대통령의 발언은 1차 대전에 초점이 맞추어져 있었지만 이 발언은 프랑스에 격렬한 사회적 파장을 일으켰다. 좌익 성향 야당과 유대인 단체의 격렬한 저항에 부딪힌 마크롱은 결국 추가적인 해명을 하며 사태를 수습해야만 했다.

오늘날 프랑스 사회에서 필리프 페탱의 위상은 모호하다. 누군가에게는 조국을 위기에서 구한 시대의 영웅이지만 다른 사람들에게는 여전히 프랑스의 가장 굴욕적인 현대사의 핵심 인물이자 나치에 굴복한 친독 정권의 하수인으로 각인되어 있다. 지금부터 이러한 빛과 그림자가 공존하는 필리프 페탱이라는 인물에 대해 알아보고자 한다.

프랑스의 군인이 되다

사실 필리프 페탱은 처음부터 두각을 나타낸 군인은 아니었다. 1856년생으로 영불해협이 지척인 파드칼레의 농촌 마을에서 태어난 그는 청소년기에 프랑스-프로이센 전쟁으로 국가의 패전과 몰락을 경험하게 된다. 프랑스는 전쟁 배상금으로 독일에 50억 프랑이라는 막대한 돈(당시 국가 세입의 4분의 1 수준)을 지불하는 것은 물론 북동부의 알자스로렌 지방까지 넘겨줘야 했고, 국민 모두가 신흥 강대국인 독일 제국에 대해 상당한 복수심을 품고 있었다.

이러한 성장기의 사건들로 인해 그는 어릴 적부터 주변 친지들로부터 전 유럽을 석권했던 나폴레옹 1세 시절 '프랑스의 영광'에 대한 이야기를 듣기를 좋아했고 군대에 동경을 품게 되었다. 특히 나폴레옹의 '그랑다르메(La Grande Armee, 프랑스어로 '대육군'이라는 뜻)'에 속해 이탈리아와 스위스 등 유럽 각지의 전쟁터를 누볐던 작은할아버지의 무용담은 그에게 매우 큰 영향을 주었다.

페탱의 군대에 대한 동경은 성인이 된 후 현실로 이어지게 되었다. 1876년 생시르 육군사관학교에 진학하여 본격적인 직업군인의 길을 걷게 된 것이다. 그의 입학 성적은 거의 꼴등에 가까웠는데, 많은 노력을 했는지 졸업 시에는 다소 성적이 올라 336명 중 229등으로 임관했다.

페탱은 육군 경보병 부대를 시작으로 주로 프랑스 내 부대에서 근무했고 1890년에는 육군대학 참모 과정을 이수했다. 당시는 제국주의가 절정이었던 때로 유럽 열강의 엘리트 장교들은 대부분 출세를 위해 전투를 겪을 가능성이 높은 해외 식민지 근무를 원했지만 그는 이런 기회를 갖지 못했다. 이러한 비주류 군생활은 진급에도 영향을 끼쳐 임관하고 22년이 지난 1900년에야 소령을 달았고 1차 대전 발발 직전에는 여단을 지휘하게 되었지만 여전히 계급은 대령에 머물렀다(당시 여단은 장군이 지휘하는 경우가 통상적이었다).

이런 군생활 중에 그는 그 자신은 물론 조국의 미래까지 바꿀 운명적인 상대를 만나게 된다. 바로 갓 임관한 샤를 드골(Charles de Gaulle,

1890~1970) 소위였다. 이 둘은 1911년에 전통 있는 아라스 제33보병연대에서 연대장과 부하 장교로 만났는데, 드골은 당시 페탱의 인간적인 면모와 리더십에 큰 감명을 받았고 이후 존경하는 상관으로서 관계를 이어가게 된다.

대전쟁의 시작과 초고속 승진

1871년 프랑스-프로이센 전쟁이 끝나고 1914년 1차 대전이 발발할 때까지 유럽에는 40년이 넘도록 강대국 사이에 큰 전쟁 없이 평화가 유지되었다. 프랑스어로 소위 '벨 에포크(La Belle Epoche, 아름다운 시절)'라 불리는 평화의 시기였는데, 제국주의의 정점에 있던 유럽 각국의 사람들에게는 문화와 예술이 꽃피고 과학이 발전해 인류 문명도 무한히 진보할 것처럼 보였다.

하지만 1914년 6월 사라예보에서 울려 퍼진 총성 한 발이 모든 것을 뒤엎어 버렸다. 사라예보를 방문한 오스트리아-헝가리제국의 프란츠 페르디난트 대공 부부가 세르비아 민족주의자에게 암살당한 것이다. 사건의 처리를 놓고 세르비아와의 협상을 이어가던 오스트리아는 처리 결과에 만족하지 못하고 7월 28일 세르비아에 선전포고하게 된다.

한편 슬라브 국가들의 후견인을 자처하던 러시아가 총동원령을 내렸고, 이에 맞서 오스트리아와 동맹 관계에 있던 독일이 러시아에 선전포고했다. 뒤이어 프랑스, 영국도 여기에 휘말리며 전쟁은 문자 그대로 '세계대전'으로 확산하게 된다(당시만 해도 세계대전이라는 개념이 아직 없었기에 그저 '대전쟁'으로 불렸다).

마른강 전투 당시 전선으로 추가 병력을 실어나르고 있는 프랑스 택시 행렬.

개전 당시 페탱은 제4보병여단의 여단장으로서 여러 전투에 참여했는데, 특히 8월 말에 벌어진 생캉탱 전투에서 전술적인 후퇴를 잘 엄호하며 지휘부의 주목을 받는다. 초기의 몇 주 동안 프랑스군은 독일군에 일방적으로 밀리고 있었는데, 보다 못한 프랑스군 지휘부는 소극적으로 대처하고 있다고 판단된 장교 100여 명을 보직 해임하는 초강수를 두었다. 이 와중에 불과 몇 주 전까지만 해도 군에서 은퇴를 생각하고 있던 58세의 '늦깎이 대령' 페탱은 자살한 전임자 대신 제6사단장을 맡으며 오히려 소장으로 진급하게 된다.

당시 독일군은 슐리펜 계획에 따라 우익에 주력을 배치하고 벨기에를 침공하여 프랑스군을 파리 외곽에서 크게 포위하여 섬멸한다는

2장 시대의 희생양

원대한 작전을 수행하고 있었다. 9월 초 프랑스, 독일 양군은 마른강에서 대치하게 되었고 프랑스군은 수도 파리가 함락될 위기에 처하자 시내의 택시를 대규모로 징발하여 병력 동원에 나섰다.

페탱도 이 전투에 참가했는데 그는 아이스네강과 마른강을 잇는 운하 주변에 포진해 격렬한 방어전을 치르게 된다. 이후 연합군은 영국 원정군과 프랑스군의 필사적인 방어와 역공을 통해 독일군을 마른강에서 극적으로 저지하는 데 성공했다. 이른바 '마른의 기적'이라 불리는 연합군의 승리였고 이로 인해 전쟁은 속전속결이 아닌 긴 참호전으로 양상이 바뀌게 된다.

이러한 가운데 페탱은 경이롭다고 할 만큼 초고속으로 승진하게 된다. 소장으로 진급하고 불과 한 달도 지나지 않은 9월 중장으로 진급한 것이다. 그리고 해가 바뀌어 1915년 6월의 제2차 아르투아 전투에서 페탱은 프랑스군 중 유일하게 독일군 방어선을 돌파한 공을 인정받아 육군 대장으로 진급하며 프랑스 제2군을 맡게 된다. 하지만 이것이 전부가 아니었다. 그의 인생에 있어서 가장 중요하고 의미 있는 전투가 기다리고 있었다. 그 장소는 프랑스 북동부의 베르됭이었다.

베르됭의 영웅

개전 초 신속한 승리를 고대하며 서부전선을 공략했던 독일군은 예상보다 빠른 러시아군의 동원과 마른강에서의 연합군의 반격으로 더 이상 진격하기 어렵게 되었고, 악몽과 같은 양면 전쟁에 휘말리게 되었다. 1915년 내내 양측은 기관총과 철조망으로 촘촘하게 방어된 진지에 막혀 소득 없는 돌격만 반복하다가 수많은 병사들을 잃었다. 이에 독일군 참모총장인 에리히 폰 팔켄하인은 연합군, 그중에서도 주력인 프랑스군을 일거에 섬멸할 방안을 고민했다. 이를 위해서는 대규모로 프랑스군이 투입될 것으로 예상되는 장소가 필요했고, 여러 후보지 중 최종 선택된 곳이 바로 룩셈부르크 국경 인근의 베르됭이었다.

베르됭은 고대에 훈족의 아틸라가 정복하려다 실패한 곳이며 프랑크 왕국의 샤를마뉴 사후 베르됭 조약(843년)을 통해 프랑스라는 나라가 처음 등장하게 된, 나름 의미가 깊은 곳이었다. 게다가 28개의 크고 작은 요새들이 몰려 있는 천혜의 방어선으로 이곳이 뚫리면 파리 및 인근의 프랑스 핵심 지역까지 위험해질 수 있었다. 독일군은 프랑스군이 무슨 수를 써서라도 이곳을 사수하려 할 것으로 판단했고, 프랑스군이 더 많은 병력을 투입할수록 더 많이 섬멸할 수 있다고 여겼다. 소모전을 통해 적에게 최대한의 피해를 야기하고 전쟁에 승리한다는 끔찍한 생각이 실제 작전으로 옮겨진 순간이었다. 독일군의 계획대로라면 베르됭은 프랑스군의 무덤이 될 것이었다.

1916년 2월 21일 새벽 독일군은 800문 이상의 대포를 동원한 10시간의 예비 포격을 통해 베르됭 공략을 위한 '심판 작전'을 개시했다. 전투 첫날 포격 직후 독일군은 참호 돌파에 최적화된 정예 부대인 돌격대(Strumtrooper)를 투입해 맹공을 퍼부었고, 2월 25일에는 베르됭 전방에 위치한 두오몽 요새를 점령하였다. 프랑스 입장에서는 절체절명의 시간이 다가오고 있었다.

페탱은 전투 초기 제2군 사령관으로 있었는데 중앙집단군 사령관으로 발령받으며 본격적으로 전투에 참여하게 되었다. 기존의 프랑스군 장교들이 무조건적인 정면 공격을 통해 적 진지를 빼앗으려 한

2장 시대의 희생양

1916년 베르됭 전투 당시 참호 안의 프랑스군.

반면 페탱은 포병 화력을 중시하며 최대한의 포격을 통해 보병의 피
해를 최소화하려 했다. 더불어 예비 부대와 공격 부대 간의 적절한 교
대를 통해 병사들이 최대한의 휴식을 누리고 컨디션을 유지할 수 있
도록 신경 썼다. 무엇보다 페탱은 현대전이 물량전이라는 점을 잘 인
식하고 있었고, '신성한 길'로 불리게 된 약 70km의 보급로를 개척하
여 각종 장비, 포탄 및 식량을 밤낮으로 수송할 수 있도록 준비했다.

양측은 10개월간 뺏고 뺏기는 혈투를 거듭했는데, 양측 합쳐서 무
려 100만 명 가까운 사상자가 발생해 병사들은 현세의 지옥을 경험
하게 되었다. 독일군에 맞서 베르됭에서 악전고투하는 프랑스군을 지
원하기 위해 6월에는 러시아군이 동부에서 브루실로프 공세를 실시

했고, 7월에는 영국군이 서쪽의 솜(영국은 이 전투에서 대전 중 최대의 인명 손실을 겪게 된다)에서 공격을 하며 양쪽 전선에서 독일군을 압박했다. 상황이 이렇게 전개되자 독일군은 베르됭의 병력을 다른 전선으로 이동시킬 수밖에 없었고 결국 12월에 프랑스군이 독일군 최초 출발선 이상을 점령하며 전투는 프랑스군의 승리로 마무리되었다.

페탱은 비록 전투 도중에 로베르 니벨 장군과 교체되긴 했지만, 베르됭 전투가 끝난 후 프랑스 국민들의 찬사를 받으며 '구국의 영웅'으로 등극했다. 이후 1917년 4월에는 드디어 육군 총사령관으로 승진했는데, 당시는 계속되는 무의미한 죽음에 염증을 느낀 병사들의 불만이 집단 반란으로 이어질 정도로 반전 분위기가 최고조에 달한 때였다.

페탱은 이러한 상황을 적극적으로 개선하기 위해 병사들에게 보다 많은 휴식을 주고, 무의미한 공격으로 인한 죽음을 최소화하기 위해 노력했다. 더불어 미군이 본격적으로 투입되기 시작한 1918년 중반까지 계속되는 독일군의 공세를 잘 막으며 결국 전쟁을 승리로 이끌게 된다. 페탱은 종전 직후 그의 생애에 있어 최고의 영예인 '프랑스 원수(Maréchal de France)' 칭호를 받아 화려한 군 경력의 정점에 이르게 된다. 이때까지만 해도 그는 분명 프랑스의 영웅이었고 존경받는 군인이었다.

패배 그리고 비시 정부의 수립

1차 대전이 끝난 뒤 페탱은 프랑스의 영웅으로서 왕성한 활동을 이어나갔다. 페탱은 1919년 6월 베르사유 조약 서명식에 프랑스 대표

1차 대전 종전 당시 연합군의 최고위 장군들. 왼쪽부터 페탱, 헤이그(영국), 포슈(프랑스), 퍼싱(미국).

단으로 참석하여 그가 무찌른 독일이 무릎을 꿇는 모습을 지켜보았다. 1925년 9월에는 모로코 일대에서 벌어진 베르베르족의 반란을 진압하기 위해 프랑스군 총사령관으로 참전하여 스페인군과의 연합작전을 승리로 이끌었다.

이후 페탱은 1934년에는 국방장관이 되어 프랑스의 국방 정책을 책임지게 되었는데, 당시 프랑스는 좌우의 대립이 극심하여 나라가 사분오열되어 있었다. 페탱은 우수한 전차와 항공기에 예산을 배정하길 원했지만, 그럴 수 있는 상황이 아니었다. 1936년에는 좌파 연합인 인민전선이 총선에서 승리하며 권력을 잡았고, 이후 2차 대전이 일어날 때까지 프랑스는 레옹 블룸(Léon Blum, 1872~1950), 에두아르 달

라디에(Édouard Daladier, 1884~1970) 등 좌파 정치인들이 잇달아 총리가 되어 정권을 잡았다. 페탱은 본래부터 좌파에 대해 상당한 반감을 가지고 있었고, 이때부터 정부를 공공연히 비난하며 정치적으로 거리를 두게 된다.

이후 전쟁의 위기가 점차 고조되던 1939년 초 그는 프란시스코 프랑코(Francisco Franco, 1892~1975)가 총통으로 있던 스페인에 대사로 발령받게 되었다. 프랑코는 과거 프랑스 육군대학 유학 시절 페탱 밑에서 공부한 적이 있었고, 이때의 인연이 그의 발령에 영향을 주었다. 하지만 얼마 후 그는 다시 프랑스로 돌아가게 되었다. 1940년 5월 개시된 독일과의 전투에서 조국인 프랑스가 불과 6주 만에 패해 비참하게 항복한 것이었다.

달라디에 이후 총리에 오른 폴 레노(Paul Reynaud, 1878~1966)는 주스페인 대사로 있던 페탱에게 귀국을 요청했다. 레노는 이 모든 혼란과 패배의 상황에서 조국을 이끌 지도자로 페탱만 한 사람이 없다고 보았다. 프랑코는 귀국을 서두르는 페탱을 막으려 했지만 조국에 돌아가서 상황을 수습하려는 그의 결심은 단호했다. 20년 전 프랑스의 승리의 순간 정점에 있었던 그가 이번에는 정반대의 상황에서 조국의 운명을 책임지게 된 것이다.

하지만 프랑스로 돌아온 페탱이 할 수 있는 것은 아무것도 없었다. 6월 22일에 파리 외곽 콩피에뉴숲의 한 객차(이 객차는 1차 대전 휴전 협정 조인식이 열렸던 장소였다. 히틀러 입장에서는 프랑스에 받은 그대로 되갚은 셈이다) 안에서 프랑스의 대독일 항복 서명식이 열렸고 프랑스는 공식적으로 독일의 점령 아래 들어갔다. 페탱은 7월 10일 프랑스 중부에 있는 휴양 도시 비시를 수도로 정하고 정부를 수립하게 된다. 비시 정

1940년 10월 히틀러와 만나 악수하고 있는 페탱(왼쪽).

부는 국제적으로 인정을 받는 등 프랑스를 대표하는 공식 정부였고 당시에 프랑스의 해외 식민지들은 아프리카의 차드를 제외하고는 전부 드골의 자유프랑스가 아닌 비시 정부에 충성했다. 하지만 파리를 비롯한 프랑스 대서양 연안은 전부 독일에 점령되어 있었고, 독일 점령 당국에 철저히 협조해야 하는 친독 괴뢰정부로서의 태생적 한계를 갖고 있었다.

그가 이러한 길을 선택한 데에는 나름의 이유가 있었다. 영국마저 본토를 위협받는 상황에서 페탱은 전쟁의 승패가 이미 정해졌고, 드골 등의 저항은 무의미하다고 보았으며, 국가의 자존심을 지키면서 그 조직과 형태를 유지하는 것이 최선이라 생각했다. 그럼에도 결국 비시 정부가 나치의 괴뢰정부라는 사실에는 변함이 없었다. 프랑스는 독일 점령군에 물자를 수탈당했으며 사회주의자, 공산주의자, 유대인, 프리메이슨들을 독일 당국에 넘겨주었다.

이러한 배경에는 프랑스의 혼란, 패전이 급진 좌파와 유대인 정치가들에게서 비롯했다고 믿은 페탱의 편향된 생각도 작용했다. 그는 취임 직후 유대인의 공직 취임 및 사회 참여를 제한하는 법적 조치를 취했다(단, 노란색 '다윗의 별'을 부착하는 것은 면하게 하였다). 1942년 7월에는 파리에서 독일 당국의 지시를 받은 프랑스 경찰이 유대인 1만 3000여 명을 체포하고 자전거 경기장에 구금했다가 독일군 측에 넘겼는데 이들은 대부분 폴란드 동부의 강제수용소에서 사망하게 된다. 전쟁 중 프랑스 출신 유대인 9만 명 이상이 나치에 의해 사망한 것으로 추정된다.

1942년 11월, 연합국의 '횃불 작전'이 실시되어 북아프리카의 프랑스 식민지인 알제리와 모로코에 상륙했다. 이때 방어를 맡았던 비시 프랑스군 병사들은 싸워야 할 의지도 명분도 없었고, 연합군에게 사실상 아무런 저항도 하지 않고 항복했다. 이는 히틀러를 격노케 했고, 독일군은 즉시 비시 프랑스의 영토 전체를 점령하게 된다. 이때 지중해의 툴롱항에 있던 프랑스 함대는 독일군의 접수를 피해 77척의 군함을 스스로 자침시켰고, 일부 함선은 독일군을 피해 연합군 측에 합류했다.

이러한 급박한 상황 속에서 페탱은 유명무실한 존재가 되었다. 1944년 6월 6일 연합군이 노르망디에 상륙했고, 8월 25일에는 드디어 파리를 해방했다. 이즈음 페탱을 비롯한 비시 정부의 수뇌부는 독

1944년 8월 파리 해방 직후 개선문 앞을 행진하고 있는 드골.

일 남서부에 있는 지크마링겐으로 이송되어 이곳에서 비시 망명정부를 이끌게 되었으나 페탱은 독일에 이송되는 것을 강력히 거부했고 이후 망명정부 참여도 거부했다. 그의 퇴장 후 비시 망명정부는 비시 정부의 주독일 대사이자 국무장관이었던 페르낭 드 브리농(Fernand de Brinon, 1885~1947)이 이끌게 되었는데 정부라고 할 수도 없는 허수아비 조직이었다.

1945년 4월이 되자 페탱은 모든 것을 포기했고 히틀러에게 프랑스에서 죽게 해달라고 귀환을 간청했지만 이때는 히틀러도 패전 직전으로 이미 제정신이 아닌 상황이었으며 아무런 답장도 하지 않았다.

그로부터 몇 주의 시간이 흐르고, 자신의 생일인 4월 24일에 페탱은 마침내 감금에서 풀려나 스위스 국경으로 보내졌다. 그리고 마침내 조국 프랑스로 돌아오게 된다.

재판과 대대적인 처벌

프랑스에 돌아온 페탱은 드골의 임시정부에 의해 국가반역죄와 간첩죄 등의 명목으로 기소 당했다. 프랑스 원수 제복으로 법정에 입장한 그의 판결을 두고 배심원들 사이에서도 갑론을박이 벌어졌다. 페탱을 옹호하는 사람들은 그가 패전이라는 최악의 상황에서 다른 유럽 국가와는 다르게 비시 정부를 이끌며 프랑스의 위신을 지킨 '비운의 영웅'이라고 주장한다. 하지만 당시 주도권을 잡고 있던 것은 레지스탕스 계열, 페탱에게 탄압받아 극도의 증오심을 가졌던 좌익 계열이었고 드골은 이미 이들과 협력하는 관계였다.

결국 1945년 8월 15일 페탱은 사형을 언도받았고 국민의 대표인 프랑스 의회에서 부여한 '프랑스 원수'를 제외한 모든 공적인 직함과 훈장이 취소되었다. 하지만 임시정부 수반이었던 드골은 자신의 직권으로 1차 대전에서 페탱의 역할과 고령을 이유로 들어 종신형으로 감형시켰다. 이러한 판결이 대중의 엄청난 분노를 야기할 수 있음을 직감한 드골은 페탱을 스페인 국경 피레네산맥의 첩첩산중에 자리한 포르탈레 요새로 보내버렸는데, 존경했던 옛 상관이 대중의 눈에서 멀어지기를 바라는 마음도 있었을 것이다. 이후 1945년 11월부터 페탱은 브르타뉴반도 남쪽의 일드외섬의 피에르-르베 요새로 이감되었다. 윈저공, 트루먼 대통령을 포함한 많은 서방 고위 인사들이 그의

프랑스 원수
제복 차림으로
재판정에 선 페탕.

석방을 탄원했지만 사면은 이루어지지 않았다.

페탕의 판결이 내려진 후 프랑스는 본격적인 나치 청산을 시작하게 된다. 사실 그의 판결 이전에도 많은 수의 프랑스인들이 부역 혐의로 즉결 처분되었다. 특히 공적인 자리에 있던 사람들은 거의 예외가 없었는데 비시 정부의 2인자로서 친독파의 대명사였던 피에르 라발(Pierre Laval, 1883~1945)과 페르낭 드 브리농이 사형을 선고받았고 곧바로 형이 집행되었다. 또한 독일군과 협력해 레지스탕스 소탕에 앞장섰던 우익 민병대 밀리스의 수장 조제프 다르낭(Joseph Darnand, 1897~1945)과 그의 악질적인 부하들은 일말의 동정 없이 사형에 처해졌다.

한편, 독일군 소속으로 동부전선에서 소련군과 싸운 반공 프랑스 의용대나 무장친위대 '샤를마뉴' 부대의 부대원들도 고위급은 많은 수가 사형이나 장기 노동형에 처해졌는데, 일반 병사들 중에는 단기형을 받거나 인도차이나와 같은 해외 식민지 전투에 참가하는 대가로 사실상 사면을 받은 사람들도 있었다.

특히 작가와 언론인들이 많이 처벌받았는데, 파시즘 작가인 로베르 브라지야크(Robert Brasillach, 1909~1945)처럼 독일군의 선전에 적극 협조한 이는 사형을 당했고 부역 혐의가 있는 다수의 사람들은 공민권 박탈이라는 명예형에 처해졌다.

프랑스 제일의 자동차 회사 르노의 사장인 루이 르노(Louis Renault, 1877~1944)는 독일군의 전쟁 노력에 협력한 죄목으로 체포되었다. 르노의 트럭과 각종 전차들이 독소전 초기에 대대적으로 투입되어 소련 측의 불만이 상당히 컸기 때문이다(다만 당시 프랑스에는 독일에 협력하는 것 외에 다른 선택지는 없었다). 결국 루이 르노는 구금 중 사망하였고, 르노의 경영권은 주식의 95%를 보유하고 있었던 그의 유족으로부터 몰수되어 프랑스 정부로 넘어갔으며 회사는 이때부터 국유화되었다.

유명 디자이너이자 나치 애인을 두며 부역자 혐의를 받았던 코코 샤넬("Coco" Chanel, 1883~1971)은 처벌을 피해 스위스로 도피했고 한동안 돌아오지 못했다. 프랑스의 전후 나치 부역자 처리 과정에서 조사를 받은 사람은 대략 30만여 명으로 알려져 있고 그중 재판 및 즉결

독일군에 부역한 혐의로 삭발당한 프랑스 여성들.

심판에서 처형된 사람은 1만여 명, 기타 처벌된 사람은 모두 10만여 명으로 추산된다.

많은 사람들이 혐의를 받다 보니 억울한 사례도 다수 발생했다. 당시 최고 인기 가수였던 티노 로시(Tino Rossi, 1907~1983)는 친한 친구가 독일 협력자라는 이유로 의심을 받았고 수개월 동안 수감되었다. 아이러니하게도 수감 중에 그의 사인을 요청하는 경비병들이 많았다고 한다. 그는 훗날 '극히 예외적인' 공식 사과를 받으며 풀려났지만, 대부분의 사람들은 그렇지 못했다. 특히 여성들의 경우 독일군과 동침했다는 이유만으로 삭발당하기도 했다.

일드외섬의 공동묘지에
자리한 페탱의 무덤.
'프랑스 원수'라고 쓰여 있다.

여전한 논란

페탱은 일드외섬에서 계속 수감생활을 이어가던 중인 1951년 95세
의 나이로 죽었고 동네 묘지에 안장되었다. 한때 구국의 영웅이자 프
랑스에서 가장 사랑받았던 육군 원수는 대서양의 외딴 섬에 수감된
죄인으로서 초라하게 삶을 마감했다. 1973년에는 그의 추종자들이
페탱의 묘를 프랑스 본토로 이장할 것을 주장하며 파헤치기도 했다.
그는 죽어서도 편히 눈을 감을 수 없었다.

지금까지도 그의 행적과 평가에 대해 프랑스 사회는 여전히 논란 중이며 사실 페탱에 관한 이야기는 프랑스인들이 가장 꺼리는 대화 주제 중의 하나이기도 하다. 하지만 그의 부역 행위를 떠나서 적어도 한 가지는 분명한 듯 보인다. 그의 평소 말대로 그에게는 프랑스가 전부였고, 이를 위해 굳이 오지 않고 책임지지 않아도 될 패전 조국으로 돌아왔다는 점이다.

도쿄의 치명적인 장미

아이바 토구리 다키노

IVA TOGURI D'AQUINO
(1916~2006)
일본계 미국인, 일본어 방송 대(對) 연합군 선전요원

뮤지컬계의 명콤비인 리처드 로저스와 오스카 해머스타인 2세의 대표작 중 1949년 초연된 〈남태평양(South Pacific)〉이 있다. 2차 대전 당시 남태평양 어느 섬에 주둔한 미국 간호사와 프랑스 농장주, 해군 장교와 원주민 아가씨 간의 사랑을 그린 유쾌한 작품인데 〈어느 멋진 저녁(Some enchanted evening)〉, 〈해피 토크(Happy talk)〉 등 브로드웨이 뮤지컬의 대표곡이라 할 수 있는 노래들이 흘러나온다. 더불어 해군 수병들의 멋진 합창을 들을 수 있는 〈여자보다 좋은 것은 없네(There is nothing like a dame)〉 또한 주옥같은 명곡이다. 이 곡은 해군 수병으로서 전장에서 다양한 업무를 수행하고 여가 활동을 할 수 있지만 딱 한 가지 부족한 것이 바로 사귈 '여자'가 없는 것이라며 불만을 토로하는 내용이다. 노래의 가사에 보면 우리는 "도쿄 로즈로부터 충고도 듣지(We got advice from Tokyo Rose)"라는 부분이 있는데 '도쿄 로즈'는 2차 대전 당시 미군을 상대로 한 일본군 선전 방송의 여성 진행자들을 가리킨다. 도쿄 로즈는 유명 뮤지컬의 가사에 등장할 정도로 전쟁터의 미군에게 유명했는데, 신원이 밝혀진 유일한 '도쿄 로즈'의 삶은 뮤지컬처럼 화려하지는 않았다.

운명의 장난

아이바 토구리 다키노는 일본계 미국인 2세였다. 1916년 태어났을 때의 이름은 아이바 이쿠코 토구리(Iva Ikuko Toguri)였는데 당시 아시아계가 다수 거주하던 서부의 로스앤젤레스에서 식료품점을 운영하는 중산층 부모에게서 태어났다. 그녀는 어렸을 때부터 대단히 사교성이 좋고 붙임성이 좋아 친구들도 많이 사귀었고 테니스부 활동도 열심히 하는 등 아시아계이지만 위축되지 않고 학교생활을 열심히 이어갔다. 결국 1940년 명문인 UCLA에서 동물학 전공으로 학위를 받았는데 본인은 의사가 되기를 기대했다고 한다.

그녀의 운명을 바꾼 사건은 바로 이듬해에 일어났다. 1941년 여름에 토구리 일가는 일본에 사는 아이바 토구리의 이모가 위중한 상태이고 돌봐줄 사람도 없다는 전갈을 받았다. 가족 및 혈연의 가치를 중시하는 보수적인 부모는 딸인 아이바 토구리를 일본으로 보내기로 결정했다. 이 결정이 그녀의 운명을 어떻게 바꿔놓을지 부모들은 상상도 못했을 것이다.

1940년 독일이 프랑스, 네덜란드 등 서유럽을 석권한 이후 아시아에 있는 이들의 식민지들은 사실상 무주공산이나 다름없는 상황이었다. 1937년부터 중일 전쟁을 벌이며 장기전의 수렁에 빠져 있던 일본은 이들 식민지들에 비상한 관심을 보였고, 결국 1940년 9월에 프랑스의 식민지인 프랑스령 인도차이나의 일부인 베트남 북부를 점령하게 된다. 이는 미국의 강력한 반발을 야기했고 미국은 즉각 대일 금수 조치에 들어갔으나 일본의 전쟁 수행에 필수였던 석유는 금수 품목에서 빠져 있었다.

하지만 일본군이 1941년 7월 남부 베트남마저 점령하자 미국은 석유를 대일 금수 품목에 포함시켰고, 일본에게 중국 및 베트남에서의 철군을 강하게 압박했다. 일본은 이제 선택의 기로에 놓여 있었다. 그러나 극단적인 강경파 군부의 입장에서 철군이란 생각할 수도 없는 일이었다. 겉으로는 미국과의 평화 협상을 위해 양의 탈을 쓰고 있었지만 뒤에서는 선제공격을 위한 칼을 갈고 있었다. 토구리는 이렇게 위기가 최고조에 달한 시기에 일본에 가게 된 것이었다.

2장 시대의 희생양

진주만에서 공격을 받고 침몰 중인 전함 애리조나호.

    토구리는 1941년 7월 5일 로스앤젤레스의 샌페드로 항구에서 일본으로 향하는 아라비아마루호에 탔다. 그녀의 어머니는 이것이 그녀와의 마지막 순간이었음을 알지 못했다(토구리의 어머니는 1942년에 5월 애리조나의 일본계 민간인 억류 수용소에서 사망한다). 여권 없이 임시 신분증을 가지고 3주간의 항해 끝에 일본에 도착한 그녀는 도쿄 인근의 이모 댁으로 찾아갔는데, 이미 이모는 병세가 상당히 악화된 뒤였다.

    미국인으로 태어나 미국식 교육을 받고 자란 그녀에게는 일본의 모든 것이 낯설고 어색했는데 특히 언어와 음식이 맞지 않아 상당히 고생했다고 한다. 그녀는 하루라도 빨리 미국으로 돌아가려 결심하고 도쿄의 미국 영사관에 여권을 신청했지만 당장 여권을 받지는 못했고 단지 '신분 확인서'만 수령할 수 있었다. 여권이 오기를 기다리는 동안 미국과 일본의 협상은 파국을 향해 다가가고 있었고, 1941년 12월 1일 일본에서 미국으로 향하는 마지막 배가 떠났다. 그리고 일주일 후인 12월 8일(미국 시간으로는 7일) 일본은 하와이의 진주만을 기습하며 전쟁을 개시했다.

적국에 홀로 남다

진주만 기습으로 일본 연합함대가 미국 태평양함대에게 큰 피해를 입히자 일본 국민 사이에서는 엄청난 환호가 터져 나왔다. 하지만 일본 내 모든 사람들이 그런 것은 아니었는데, 미국 국적인 토구리도 그 중의 한 명이었다. 전쟁 발발 후 일본에 체류하던 미국 및 영국 국적의 일반인들은 민간인 수용소에 수감되었지만 토구리는 일본계였기 때문인지 갇히지 않았고, 대신 일본 헌병대의 감시를 받게 된다. 그들은 토구리에게 미국 국적을 포기할 것을 종용했는데 그녀는 끝내 이러한 제안을 거절했고 전시 배급권을 박탈당했다. 이러한 와중에(미국인으로서) 당연히 친미적인 사고를 가졌던 그녀와, 같이 살던 일본인 친척 및 이웃들 사이에는 갈등이 쌓여가게 된다. 그녀는 결국 독립하기로 결심하고 도쿄로 이사했다. 적국인 일본에 말 그대로 혼자 남겨진 것이다.

이사하여 독립한다는 것은 자신만의 생활을 위한 수입이 필요하다는 뜻이었다. 낯선 땅에 완전히 홀로 남겨진 그녀는 영어를 쓸 수 있는 일자리를 알아보게 되었다. 1942년에는 도메이 통신사에서 미군 방송 등을 모니터링하는 업무를 했고, 1943년 8월에는 라디오 도쿄에서 비서 겸 타이피스트로 일하게 되었다.

그녀는 이직 후 얼마 지나지 않아 그곳에서 대외 선전방송을 하는 연합군 포로들을 만나게 되었다. 그중에서도 호주 출신인 찰스 커젠스(Charles Cousens, 1903~1964) 소령은 1942년 2월 싱가포르에서 포로가 된 이후 버마를 거쳐 7월에 일본까지 끌려왔는데 협조를 안 하면 죽이겠다는 협박에 못 이겨 라디오 도쿄의 선전방송에서 일하고 있었다. 그는 영국 샌드허스트 육군사관학교 출신으로 전쟁 전 호주로 이민을 간 후 현지 라디오 방송국에서 뉴스 제작 등에 관여했기에 방송 분야의 전문가였다.

처음에 커젠스는 토구리가 그의 동태를 감시하기 위해 보내진 일본 헌병대의 밀정이 아닌가 하고 의심했지만 결국 그녀의 속내를 알게 되었고, 토구리가 그를 위해 여러 생필품을 몰래 구입해 주는 관계로 발전했다. 일본군에 포로로 잡힌 미국 및 영연방국 연합군 포로들에 대한 대우는 매우 좋지 않았으며 포로 중 사망률이 무려 25%나 되었다. 나치 독일에 포로로 잡힌 연합군 포로들의 사망률이 3% 이내였다는 것을 감안하면 이것은 거의 학살 수준이었다. 방송국에서 일하던 커젠스 및 다른 연합군 포로들에게 토구리가 전달해 준 각종 생필품은 이들 및 다른 포로들에게 생존에 매우 중요한 역할을 했다. 이것은 그녀의 목숨을 건 행동이었지만 훗날 토구리가 자신의 명예를 회복하는 데 중요한 증거가 되었다.

토구리가 비서 겸 타이피스트로 일하는 수개월 동안 커젠스는 그녀의 명료한 발음과 목소리에 주목하게 되었다. 찰스 커젠스는 토구리에게 〈제로 아워(Zero Hour)〉라는 대(對)연합군 선전 프로그램에 참여할 것을 권유했는데 훗날 "그녀의 목소리는 다소 투박하고 남성적이며 유혹하는 말투도 아니었는데 이것이야말로 내가 찾던 목소리였다"라고 말했다.

커젠스의 제안을 받은 토구리는 고민에 빠지게 된다. 이런 행동이 조국 및 연합군 병사들에게 어떻게 비칠 것인지에 대한 고민이 그녀의 마음을 짓눌렀지만, 프로그램의 내용이 음악을 위주로 하고 연합군 포로들의 편지를 소개하는 정도라는 설득에 마침내 수락했다. 1943년 11월에 그녀는 라디오 도쿄에 여러 명 있던(최대 20명으로 추정) 영어 방송 아나운서 중 한 명이 되었다.

〈제로 아워〉와 '도쿄 로즈' 전설의 탄생

그녀가 진행한 프로그램 〈제로 아워〉는 음악 위주였는데 그녀는 자신의 방송용 별명을 미국의 인기 만화에서 따온 '고아 앤(Orphan Ann)' 혹은 그냥 '앤'으로 정했다. '제로 아워'라는 프로그램 이름은 '제로센'이라 불렸던 일본 해군의 주력기인 0식 함상 전투기에서 따온 것이었고(당시 연합군 사이에도 이 비행기는 널리 알려져 있었다) 가청 거리를 늘리기 위해 단파 주파수를 사용했다. 이 프로그램은 심리전을 담당하는 일본 육군본부의 제2부 제8과에서 계획한 것이었는데, 이 부서는 주로 영미권 유학파 출신 장교들로 구성되어 있었다. 회당 분량은 75분 정도였고 일요일을 제외한 매일 저녁 6시에서 7시 15분까지 방송되었다. 토구리의 분량은 대략 20분 정도였다.

〈제로 아워〉는 당시 태평양에 주둔하던 미국 육해군 및 해병대 장

도쿄에서 선전방송을
하던 시절의 토구리
(1944년 12월).

병들 중 들어보지 않은 이들이 거의 없을 정도로 회자되었다. 전후 병
사들의 회고에 따르면 그저 음악이 많이 나오고 내용이 좀 웃겨서(정
확히 말하자면 어처구니없어서) 듣는 수준이었다고 한다. 그 와중에 병사
들 사이에 토구리를 비롯한 많은 여자 아나운서들에 대한 폭발적인
관심이 일어났다.

　미군 병사들은 이들의 정체를 매우 궁금해 했고 여성 아나운서들
을 통칭하여 '도쿄 로즈'라고 부르게 되었다. 사실 방송은 여러 명의

1946년의 영화 〈도쿄 로즈〉의 포스터.

여성 아나운서들이 했지만 미군 병사들에게는 오직 도쿄 로즈라는 하나의 객체로 각인되었던 것이다. 이는 마치 독일에서 대연합군 방송을 진행하던 아나운서를 '추축국 샐리(Axis Sally)'라 부른 것이나 베트남전쟁 중 하노이 방송국 아나운서를 '하노이 한나(Hanoi Hannah)'라고 부른 것과 같은 맥락이다. 전쟁이 끝나고 1946년에는 〈도쿄 로즈〉라는 동명의 할리우드 영화가 나오기도 했는데 이 영화의 주인공은 악하면서 성적으로 유혹적인 캐릭터로 등장한다. 이것이 대다수 미국인들이 도쿄 로즈에 가졌던 보편적인 인상이었다.

　결과적으로 〈제로 아워〉는 미군 병사들에게 관심은 받았지만 병사들의 사기를 저하시키거나 미국 내의 분열을 조장하는 등 방송 본래의 목적에 있어서는 별로 성공적이지 못했던 것으로 평가되고 있다.

종전과 체포

1945년 4월 토구리는 중립국인 포르투갈 국적의 펠리페 다키노와 결혼하게 된다. 다키노는 토구리가 한때 근무했던 도메이 통신사에서 일하고 있었는데 업무상 라디오 도쿄를 자주 드나들었고 이 과정에서 그녀와 친분을 쌓았다. 한편 그녀는 결혼은 했어도 남편을 따라 포르투갈 국적을 취득하진 않고 미국인으로서의 정체성을 분명히 했다.

1945년 8월 6일 히로시마에 최초의 원자폭탄이 떨어졌다. 그리고 사흘 뒤인 8월 9일에는 소련이 대일 선전포고를 하고 만주, 한반도 및 사할린을 향해 파죽지세로 밀고 내려왔다. 이미 미군은 오키나와를 점령하고 일본 본토 점령을 위한 '몰락 작전'을 준비하고 있었다. 더 이상 버틸 수 없음을 깨달은 일본 정부는 군부 강경파의 완강한 반대를 물리치고 무조건 항복이라는 결단을 내린다. 피비린내 나는 일본과 연합국 간의 4년간의 전쟁이 막을 내린 것이다.

토구리에게 종전은 많은 것을 의미했다. 그녀는 드디어 집에 갈 수 있다는 희망을 품고 가족들의 소식을 알기 위해 노력했다. 한편 전쟁 직후 일본의 궁핍한 생활상은 그녀에게도 마찬가지여서 하루하루 생존하는 것이 또 다른 전쟁과 같았다. 이 와중에 미국의 잡지인《코스모폴리탄》에서 도쿄 로즈의 독점 인터뷰에 무려 2000달러라는 거금을 내걸었다. 그녀는 전쟁 중 방송국에서 한 행위는 당연히 범죄가 아니라고 생각했고, 궁핍한 생활을 타개하기 위해 미국 언론사와 접촉

1945년 9월 도쿄 자택
앞에서의 토구리.

하여 자신이 바로 도쿄 로즈라고 밝히게 되었다. 도쿄 로즈로 불린 여
성 아나운서들은 십수 명이었지만 전후 처벌을 두려워한 나머지 모
두 잠적했고 라디오 도쿄에서는 이를 철저히 숨겼다. 하지만 토구리
만이 금전적인 이유로 유일하게 '커밍 아웃'을 했는데 이때만 해도 앞
으로 자신에게 벌어질 일은 짐작하지 못했을 것이다.

　1945년 9월 그녀는 반역 혐의로 요코하마에서 미군 헌병대에 체포
되었고 일본 전범들이 주로 수감되던 도쿄 스가모 형무소의 한 평 반
크기의 좁은 방에 갇히게 된다. 그 후 1년간을 FBI 및 주일 미군 방첩

2차 대전 종전 후 일본의 전범들이 수감되었던 스가모 형무소.

부대에 의해 철저히 조사받았지만 이들은 토구리가 이적행위를 했다는 어떠한 증거도 발견하지 못했다. 결국 이듬해 10월 토구리는 수감생활을 마치고 풀려났고, 마침내 미국으로 돌아가 배 속의 아이를 미국에서 출산할 꿈에 부풀게 된다.

　하지만 그녀의 고난은 끝이 아니었다. 수감생활로 극도로 지친 상태에서 낳은 아기는 출산 직후 사망했다. 아이의 죽음에 따른 극도의 절망과 슬픔에 잠긴 그녀는 미국으로 가기 위해 여권을 신청했는데 더 큰 시련이 닥쳤다. 여권 신청 소식을 들은 참전용사 단체 등 일부 미국인들 사이에서 반대 여론이 일기 시작한 것이다. 결국 그녀는 미국에서의 재판을 위해 1948년 9월 샌프란시스코로 강제 송환되었다.

반역자의 낙인

조사에서 별다른 혐의점도 없었고 대중도 관심을 잃고 있던 그녀의 강제 송환에 결정적 역할을 한 것은 미국의 언론인으로서 타블로이드 신문의 칼럼니스트였던 월터 윈첼(Walter Winchell, 1897~1972)이었다. 그는 1930년대에 특유의 농담과 직설적인 진행 솜씨를 살린 라디오 프로그램으로 전국적인 스타가 되었고, 저널리즘을 엔터테인먼트의 경지로 승화시켰다는 평가를 받았다. 그는 반공주의자이자 매카시즘으로 유명한 조지프 매카시(Joseph McCarthy, 1908~1957)와도 상당한 친분을 유지했다.

이러한 배경을 가진 그에게 전쟁 중 적국을 위해 선전 활동을 했다고 알려진 토구리는 좋은 공격 목표였다. 윈첼은 라디오 방송에서 반일 감정에 편승해 토구리를 지속적으로 비난했고 그녀를 기소하기 위해 관련 기관에 로비까지 했다. 결국 그녀는 체포되어 미국에서 재판을 받기에 이른다.

그녀에 대한 반역죄 재판은 그녀의 서른세 번째 생일인 1949년 7월 5일부터 시작되었으며, 여덟 가지 반역 행위에 대해 세부 조사가 진행되었다. 피고가 많은 미국인들이 알고 있던 '도쿄 로즈'라는 것, 동양계 여자라는 점 때문에 재판은 언론의 비상한 관심을 받았다. 12주 동안 열린 재판에서 토구리는 자신은 국가에 불충한 발언을 한 적이 없다고 강하게 변호했는데 마침 라디오 도쿄에서 함께 일했던 커젠스가 재판에 참여하여 그녀의 주장에 적극 동조하며 힘이 되어주었다. 커젠스 자신은 이미 1946년 호주에서 반역죄에 대한 재판을 받았고 무죄 선고를 받은 바 있었다. 기소된 여덟 가지 죄목 중 대부분이 무혐의로 결론이 났지만 최종적으로 1944년 10월의 레이테만

토구리가 반역죄로
재판을 받는 데 결정적인
역할을 한 언론인
월터 윈첼(1944년).

해전 당시 진행한 방송에서 "이제 여러분들은 태평양의 고아에요 지
금 여러분의 배가 침몰했는데 집에는 어떻게 가시겠어요?"라고 말한
부분이 문제가 되었다.

재판 결과 그녀는 10년의 징역형과 동시에 1만 달러의 벌금형을
선고받았고 미국 시민권을 박탈당했다. 미국 역사상 반역죄와 관련
한 일곱 번째 유죄 판결이었다. 이후 그녀는 웨스트버지니아주의 엘
더슨 연방여성교도소에 수감되었는데 여기서 일명 '추축국 샐리'라
는 별명으로 불리며 나치를 위해 선전방송을 했던 밀드레드 질러
스(Mildred Gillars, 1900~1988)와 만나게 되었다. 서로 동병상련의 감정

이 통했던 것일까, 둘은 수감 중에 많은 시간을 함께 보냈다고 한다. 토구리는 수감 기간 중 모범수로 얌전히 생활했고 결국 6년 2개월 만인 1956년 1월에 조기 석방되었다.

명예 회복 그리고 영원한 안식

석방 이후 그녀는 가족들이 이미 이사했던 시카고 노스사이드에 정착했는데, 아버지와 함께 작은 아시아 수입품점 겸 선물가게를 꾸려나갔다. 그녀는 대중의 과도한 관심에서 벗어나기를 바랐고 조용히 생활했다. 한편, 미국 정부로부터 지속적으로 추방 명령을 받기도 했는데, 이렇게 끝이 없어 보이는 고통의 시간을 보내고 있던 그녀에게 대반전이 일어나기 시작했다.

1976년 2월 《시카고 트리뷴》은 토구리의 재판 중 증언을 했던 주요 인물들이 당국의 의도대로 위증을 했음을 밝혀냈다. 이후 CBS의 대표적인 탐사 프로인 〈60분〉에서도 이 사건을 다뤘는데, 사건의 배심원이 재판장으로부터 유죄를 평결하도록 압력을 받았음을 자백했다. 이후 토구리 사건은 미국인들에게 다시 한번 회자되고, 그녀를 옹호하는 동정 여론이 고조되었다. 많은 유명인들도 동참했는데 1960년대에 주일본 미국 대사를 지냈고 동아시아 문제를 연구한 하버드 대학의 학자 에드윈 라이샤워(Edwin Reischauer, 1910~1990)는 "그저 전쟁 속 신화였던 '도쿄 로즈'에 대한 판결이 미국의 정의에 불명예가 되었다"라며 공개적으로 비판했다.

1977년 1월 19일, 결국 토구리는 제럴드 포드(Gerald Ford, 1913~2006) 대통령에 의해 공식적으로 사면되었다. 이날은 포드 대통령의 임기

마지막 날이었으며 토구리의 사면이 그의 대통령으로서 마지막 공적 업무였다. 더불어 토구리의 미국 국적도 다시 회복되었다. 토구리는 아버지가 이 모든 것을 보았으면 좋았을 것이라 얘기했는데, 그녀의 아버지는 4년 전에 이미 세상을 떠난 뒤였다.

2006년 1월 15일 그녀는 미국 2차 대전 참전용사 협회로부터 에드워드 헐리히 시민상(미국의 유명 언론인의 이름을 따서 제정되었다)을 받았다. 2차 대전 당시 자신의 의지에 반해 적국에 갇혔지만 미국 국적을 끝까지 포기하지 않고 연합군 포로들을 위해 목숨을 걸고 생필품을 전달한 공로가 인정된 것이었다. 그녀는 이날이 "자신의 일생에서 가장 행복했던 날이었다"라고 술회했다고 한다. 이제 모든 것을 다 이루었다고 느꼈는지 그녀는 같은 해 9월 26일에 90세를 일기로 파란만장한 삶을 마쳤다.

그녀의 삶을 되돌아보면 오히려 전쟁이 일어났을 때 미국 국적을 포기하고 일본을 택했더라면 이후에 재판을 겪거나 투옥당할 일은 없었을지도 모른다. 오히려 미국 국적을 지키는 과정에서 일본에게는 이용당하고 미국에서는 핍박당하는 상황에 처했던 것이다. 이 모든 일에도 불구하고 그녀는 언제나 밝게 웃고 있었는데, 그 웃음 뒤에 숨은 고통을 뒤로 한 채 이제는 편히 쉬고 있을 것이다.

죽어서야 조국에 돌아오다

마를레네 디트리히

MARLENE DIETRICH
(1901~1992)
독일의 영화배우, 가수

1992년 5월 6일 파리에서 20세기의 대표적인 여배우였던 마를레네 디트리히의 사망 소식이 타전되었다. 프랑스의 프랑수아 미테랑 대통령을 위시해 각국 원수들의 조전 및 외교 사절들의 조문이 줄을 이었다. 마침 마를레네 디트리히가 그해 칸 영화제의 포스터 주인공이었는데, 이 포스터가 프랑스 곳곳에 걸려 마치 프랑스 전체가 그녀의 죽음을 애도하는 것처럼 보였다. 마들렌 성당에서 거행된 그녀의 장례식에는 무려 1500명의 다양한 사람들이 모여 세계적인 대배우의 마지막을 지켰다.

장례식이 끝난 후 그녀의 시신은 유언에 따라 고향인 베를린의 쇠네베르크 묘지로 옮겨졌고 이미 그곳에서 안식을 취하고 있던 그녀의 어머니 옆에 매장되었다. 사실 독일인인 그녀가 고향으로 돌아가지 못하고 이국땅 파리에서 삶을 마감한 데에는 사연이 있었다. 이는 그녀의 영화배우로서의 커리어와 전쟁의 발발 등으로 인한 결과였는데, 그 파란만장한 삶은 20세기 역사의 축약본이었다고 할 수 있다.

재능 많은 베를린 소녀

마를레네 디트리히는 1901년 12월에 독일 제국의 수도인 베를린 남쪽 쇠네베르크에서 태어났다. 그녀의 부모들도 모두 베를린 태생이었는데 아버지는 경찰 간부였고 어머니는 보석과 시계를 판매하는 부유한 집안 출신이었다. 그녀의 부모는 디트리히와 그녀의 언니에 대한 교육열이 매우 컸는데 두 자매는 어릴 때부터 유명한 선생들에게 피아노, 바이올린 등의 악기 및 영어, 프랑스어 등의 외국어를 두루 배우며 최상의 교육을 받았다.

하지만 불과 여섯 살 때 아버지를 여의었고, 그녀의 어머니는 디트리히가 사춘기 소녀일 때 귀족 출신 육군 장교와 재혼했다. 그녀의 의붓아버지는 1차 대전에 참전했고 훗날 동부전선에서 전사했다. 1918년에 학교를 졸업한 디트리히는 어릴 적 배웠던 바이올린에 계속 관심을 두었고, 좀 더 전문적인 교육을 받으려 했다. 1920년에는 예술의 기운이 충만한 도시 바이마르로 가서 다양한 예술가들과 교류하며 음악 수업도 계속 받게 된다. 이곳에서의 경험은 그녀의 인생에 자유로운 예술혼을 심어주었고 훗날 그녀가 독보적인 배우로 성장할 수 있는 바탕이 되었다.

한편 1차 대전 이후의 패전국이 된 독일, 특히 수도 베를린은 가히 상상할 수 있는 모든 일들이 벌어지는 곳이었다. 시내에서는 소련식으로 급진적인 공산 혁명을 일으키려는 좌익과 구질서를 유지하려는 우익이 서로 극단적인 대결을 했고 살인도 서슴지 않았다. 1919년 1월에 좌익인 공산당이 반란을 일으켰고 이에 대항해 제대 군인이 주축인 우익 자유군단이 진압에 나섰다.

이런 와중에 공산주의 계열의 지도자인 카를 리프크네히트(Karl Liebknecht, 1871~1919)와 로자 룩셈부르크(Rosa Luxemburg, 1871~1919)가 살해되었고 이들의 시체는 수개월 후에 란트베어 운하에서 발견되었다. 이에 좌익은 베를린을 넘어 전국적 파업 및 시위로 대응했고 우익은 더 강경한 진압으로 맞서게 된다. 이러한 일련의 사건들은 다가올 시대의 더 큰 재앙에 대한 불길한 전조였던 것이다.

베를린 시민들은 전쟁에서의 패배, 좌우의 대결, 살인적인 인플레이션으로 인한 암울한 현실에서 벗어나기 위해 발버둥을 쳤다. 약물, 동성애, 누드 및 단발머리의 신여성들과 미국식 재즈가 세상을 점령

1919년 1월 베를린의 거리를 점거한 공산당 당원들.

했고 그 중심에는 시내에 있는 수많은 카바레가 있었다(이러한 당시 분위기를 잘 나타내는 영화가 바로 1973년 아카데미 작품상 수상작인 뮤지컬 영화 〈캬바레〉이다). 이곳에서는 다양한 공연과 노래 및 코미디를 선보였는데 디트리히는 베를린의 여러 카바레에서 코러스걸로 활동하기도 했다. 하지만 그녀의 마음을 사로잡은 것은 따로 있었으니 그것은 바로 '연기'였고, 디트리히는 곧 배우로서 자신의 재능을 발견하게 된다.

1920년대에 그녀는 10여 편의 무성 영화에 출연했는데 대부분 단역이나 조연이었지만 1920년대 후반으로 가면서 차츰 인지도가 올라가 〈그녀에게 키스를(Ich küsse Ihre Hand, Madame)〉처럼 영화사에서 높

전간기 베를린의 대표적인 카바레 중 하나였던 엘도라도.

은 평가를 받는 작품에도 주연을 맡아 모습을 비추게 된다. 그리고 드
디어 독일 영화계의 위상과 그녀의 인생을 바꿀 운명의 영화에 출연
하게 된다.

'블루 엔젤'

1929년 오스트리아 출신의 요제프 폰 슈테른베르크(Josef von Stern-
berg, 1894~1969) 감독은 소설가 하인리히 만의 작품 〈삼류 선생(Profes-
sor Unrat)〉을 영화로 만들고 있었는데, 여주인공 선택에 애를 먹고 있
었다. 이 영화는 독일에서 두 번째로 제작되는 유성 영화로 제목은 극

2장 시대의 희생양

1933년 개봉한
영화 〈블루 엔젤〉의 포스터.

중 술집의 이름을 딴 '블루 엔젤(Der Blaue Engel)'이었다. 여주인공인
'롤라 롤라'는 엄격하지만 존경받는 김나지움(독일의 인문계 고등학교)
선생을 파멸로 이끌어 결국에는 서커스단의 광대로 몰락시키는 술집
댄서로 모든 현대 '팜므 파탈'의 원조 격이었다.

여러 여배우들을 상대로 오디션이 진행되었지만 슈테른베르크를
만족시키는 사람은 여전히 나오지 않았다. 마침내 디트리히도 오디
션을 보았는데 디트리히의 카메라 테스트 이후에도 그는 여전히 확
신을 가지지 못했다. 하지만 허스키한 목소리와 중성적인 매력을 가

진 그녀를 결국 주인공으로 캐스팅하게 된다.

상대역인 '이마누엘 라트' 역에는 제1회 아카데미 시상식에서 〈마지막 지휘(The Last Command)〉란 작품으로 남우주연상을 수상한 독일 출신 대배우 에밀 야닝스(Emil Jannings, 1884~1950)(쿠엔틴 타란티노 감독의 영화 〈인글로리어스 바스타즈〉의 극장 장면에 대스타인 그가 VIP들과 함께 참석하는 것으로 나온다)가 출연했다. 야닝스는 새롭게 부상하는 샛별인 디트리히를 경계했고 서로 간에 묘한 긴장이 촬영 기간 내내 지속됐다. 더불어 영화제작사 우파(UFA)의 소유주인 재벌 알프레트 후겐베르크는 좌파 성향인 원작자 하인리히 만에 대해 불만이 많았고 영화 제작을 탐탁지 않게 생각했다.

하지만 우여곡절 끝에 영화는 촬영되었고 1930년 4월 1일 베를린의 글로리아팔라스트 극장에서 개봉하게 된다. 디트리히가 직접 부른 주제가 〈머리부터 발끝까지 사랑하리(Ich bin von Kopf bis Fuß auf Liebe eingestellt, 영어 제목은 Falling in love again)〉는 즉시 세계적인 히트곡이 되었다. 또한 스타킹을 신은 채 도발적인 자세로 앉아 있는 그녀의 모습이 나오는 포스터 역시 엄청난 센세이션을 불러일으켰다.

영화는 독일을 넘어 유럽, 미국 등 전 세계적으로 큰 성공을 거두어 1933년 나치 집권 이전 바이마르 공화국 시대에 나온 영화들 중 최고의 걸작이 되었다. 미국에서 개봉을 한 이후 미국 언론은 디트리히의 사진과 인터뷰 기사로 도배를 하다시피 했고, 이제 그녀는 세계가 주목하는 스타가 되어 곧 세계 영화의 중심지에서 러브 콜을 받게 된다. 바로 미국에 있는 '꿈의 공장' 할리우드였다.

할리우드 그리고 조국과의 결별

〈블루 엔젤〉의 성공에 힘입어 디트리히는 슈테른베르크 감독과 함께 활동 무대를 할리우드로 옮겼고, 메이저 영화사인 파라마운트와 계약해 본격적으로 영화에 출연하기 시작했다. 그 첫 작품이 바로 술집 가수와 프랑스 외인부대원과의 이루어질 수 없는 사랑을 그린 〈모로코〉이다. 게리 쿠퍼와 함께 출연한 이 작품에서 디트리히는 여성끼리의 키스 같은 당시로서는 충격적인 장면을 통해 특유의 중성적인 매력을 거침없이 보여주며 시대의 터부에 정면으로 도전했다(사실 디트리히 본인이 양성애자였다). 이후 〈금발의 비너스〉, 〈상하이 익스프레스〉 그리고 〈알라의 정원〉 같은 영화사에 길이 남을 작품에 출연하며 멋진 각선미를 가진 퇴폐적이고 중성적인 캐릭터의 영화배우로서 확고히 자리매김하게 된다.

한편, 그녀의 조국인 독일에서는 엄청난 변화가 일어나고 있었다. 1932년 선거에서 나치당이 제1당이 되었고, 1933년 1월 30일에는 히틀러가 총리의 자리에 오른다. 히틀러는 권력을 잡은 이후 신속하게 정적 및 반대파 제거에 매진했는데 총리 취임 한 달 후인 2월 27일에 발생한 국회의사당 방화 사건을 좌파 및 공산주의자 탄압의 신호탄으로 삼았다. 방화 용의자는 네덜란드 출신의 공산주의자인 마리누스 판 데어 루베(Marinus van der Lubbe, 1909~1934)였는데 나치는 방화가 독일 내 공산주의 혁명을 일으키기 위한 일련의 음모라고 적극 선동하였다.

이와 더불어 독일 내 유대인에 대한 탄압이 본격적으로 시작되어 경제계, 과학계와 더불어 문화·예술계도 큰 타격을 입게 되었다. 이는 독일 문화·예술계에서 유대인들이 많은 활약을 하고 있었다는 반

영화 〈모로코〉에서의
마를레네 디트리히.

증인데, 당장 디트리히가 출연한 영화 〈블루 엔젤〉만 봐도 감독인 요
제프 폰 슈테른베르크를 비롯해서 제작, 음악, 각본, 조연 배우들까지
상당수가 유대인이었다. 독일 내 유대인들은 살아남기 위해 본격적
으로 국외로 탈출을 시작했고 많은 문화·예술계 인사들이 미국 할리
우드로 건너갔다.

이때 미국으로 건너간 독일, 오스트리아 출신의 문화·예술계 유대
인을 보면 〈엠(M)〉의 감독인 프리츠 랑, 〈카사블랑카〉에 출연한 배우
페터 로어, 최초의 누드 장면을 찍은 배우이자 와이파이 기술의 선구

자가 된 헤디 라마르, 작곡자 프리드리히 홀란더와 프란츠 왁스만(두 사람 모두 〈블루 엔젤〉의 음악 담당이었다) 등 셀 수 없을 정도로 많은 문화계 인재들이 할리우드로 건너왔다. 디트리히는 동료 망명자들의 지원을 위해 사재를 털어 기금을 마련하는 등 많은 노력을 기울였고 이들의 할리우드 정착에 큰 힘이 되었다. 이들 유대계 예술인들의 유입 및 활약을 통해 할리우드는 더욱 번영하기 시작했고 이후 1940년대와 1950년대에 걸쳐 최고의 명작들을 만들어내며 전성기를 맞게 된다.

이러한 격변의 시기에 최고의 유명 인사이자 엄청난 '인플루언서'였던 디트리히를 나치가 가만히 둘 리가 없었다. 나치의 선전장관이자 영화계 총책임자인 요제프 괴벨스(Joseph Goebbels, 1897~1945)의 주도로 그녀를 조국인 독일로 귀환하게 하려는 시도가 반복적으로 이루어졌고 최고 대우로 독일에서 영화 활동을 보장한다는 제안이 전달되었다. 하지만 그녀의 자유로운 사고와 생활 방식은 나치의 극단적이고 딱딱한 이데올로기와 어울릴 여지가 전혀 없었다. 결국 그녀는 1939년 6월에 미국 시민권을 획득했고 이로서 조국 독일로부터의 여러 제안을 공식적으로 거부했을 뿐만 아니라 돌아올 수 없는 다리를 건너게 되었다.

〈릴리 마를렌〉, 전장의 성가

1939년 독일이 전쟁을 일으켰을 때 그녀가 있던 미국은 중립국이었다. 많은 미국 국민들이 심정적으로는 연합국의 편이었지만 전쟁에 참여하자고 주장하는 이들은 그다지 많지 않았다. 이러한 상황에서 1941년 12월의 일본의 진주만 기습은 야마모토 이소로쿠 제독이

말했듯이 '잠자는 사자를 깨우는 엄청난 실수'가 되었다.

순식간에 여론이 반전되고 많은 미국인들이 애국심에 불타 자원입대했으며 마를레네 디트리히 역시 다른 연예인들처럼 연합군의 승리를 위해 다양한 활동을 펼치기 시작했다. 그녀는 전시 공채 판매에 힘쓰고 노래 및 공연을 통해 병사들을 위문했다. 더불어 그녀의 대명사와도 같은 노래 한 곡으로 병사들의 마음을 달래기 시작했는데 사실이 노래는 적국인 독일에서 먼저 나온 곡이었다. 그녀의 이름과 같은 제목을 가진 전장의 성가, 바로 〈릴리 마를렌(Lili Marleen)〉이었다.

〈릴리 마를렌〉을 처음 부른 것은 독일의 가수인 랄레 안데르센(Lale Andersen, 1905~1972)이었다. 이 노래를 작곡한 것은 유명 작곡가 노르베르트 슐체(Norbert Schulze, 1911~2002)였는데, 베를린의 유명한 클럽인 카바레데어코미커(Kabarett der Komiker)에서 공연을 하던 랄레 안드레센을 만나 1939년에 음반을 취입하게 된다. 하지만 다소 애상적이고 잔잔한 이 곡의 멜로디와 가사는 초기에 그다지 주목받지 못했고 전쟁이 일어나면서 그대로 묻혀버리는 듯했다. 적어도 1941년 베오그라드의 독일군 방송국에서 선곡하여 음악을 내보내기 전까지는 그랬다.

2차 대전 초기에 유고슬라비아는 추축국에 속한 친독 국가였으나 1941년 3월 일단의 공군 장교단에 의해 반독 쿠데타가 일어나게 된다. 이에 곧 있을 소련 침공을 앞두고 배후인 발칸반도가 불안해질 것을 우려한 히틀러의 결정으로 1941년 4월에 독일군이 전격적으로 침공해 불과 10일 만에 전 국토를 점령하였다. 유고슬라비아의 수도인 베오그라드는 유럽 남부에 위치하여 지중해를 사이에 두고 북아프리카와도 거리가 가까웠기에 독일군 선전방송의 지역 거점 역할을 했

노르베르트 슐체
(왼쪽)와
랄레 안데르센
(가운데).

으며, 당시 북아프리카에서 영국군과 '사막의 혈전'을 벌이던 아군의
사기를 북돋울 곡들을 방송하고 있었다.

　마침 그곳에 얼마 안 되는 레코드판 중 하나가 있딘〈릴리 마를렌〉
이 방송을 타고 나갔는데, 첫 방송 후 북아프리카 및 유럽 전역에서
이 곡을 신청하는 엽서들이 쇄도하여 담당 직원들이 놀랄 정도였다.
'사막의 여우'로 불렸던 아프리카 군단장 에르빈 로멜(Erwin Rommel,
1891~1944) 또한 이 곡의 팬으로 유명했다.

　무엇보다 아이러니했던 것은 독일군과 같은 주파수로 방송을 듣고
있던 영국군 병사들에게 이 곡의 인기가 폭발하기 시작했다는 점이
었다. 심지어 이 곡이 방송되던 저녁 9시 55분에 양국 군대가 암묵적
으로 전투를 중지했다거나, 전투가 잠잠해진 중에 양측이 다 같이 합
창을 했다는 거짓말 같은 이야기도 흘러나왔다.〈릴리 마를렌〉의 전

설이 시작된 것이다.

이 곡이 엄청난 인기를 얻자 나치 선전장관 괴벨스는 고민에 빠지게 된다. 곡의 내용이 너무 감상적이어서 오히려 병사들의 사기를 저하시키고 염전 분위기에 빠뜨릴 위험이 있었던 것이다. 더불어 가수인 랄레 안데르센의 개인적인 부분도 문제가 되었는데, 그녀는 전쟁 전 잠시 거주했던 스위스 취리히에서 음악가 롤프 리버만과 같은 유대인 예술가 친구들과 만났고 나치당에 대해서도 그다지 호의적이지 않았다.

이러한 상황에서 나치는 〈릴리 마를렌〉을 금지곡으로 만들었다. 하지만 방송을 금지시키자 병사들의 방송 요구가 사방에서 쇄도했고 천하의 괴벨스조차 그냥 무시할 수 없는 수준에 이르렀다. 결국 곡의 방송 금지를 해제했는데, 원곡을 편곡해 북소리를 강조한 보다 '군인 냄새' 나는 버전을 만들기도 했다. 이후 〈릴리 마를렌〉은 독일에서 최초로 100만 장 이상 팔린 곡이 되며 유명세를 타게 되었다. 그럼에도 불구하고 정작 가수인 랄레 안데르센에 대한 억압은 계속되었고, 활동에 제한을 받은 그녀는 한때 자살 시도까지 할 정도로 전쟁 기간 동안 힘겹게 삶을 이어나갔다.

한편 곡의 인기와 더불어 연합군 측에서도 〈릴리 마를렌〉을 부른 가수들이 있었는데 그중 가장 유명했던 이가 바로 마를레네 디트리히였다. 미국의 전략사무국(Office of Strategic Service, OSS. CIA의 전신)은 애국적이고 대중적인 인지도가 큰 그녀를 방송에 출연시키고, 독일어 노래를 부르게 해 독일군의 사기를 저하시킬 방안을 생각하게 되었다. 그녀는 이에 적극 협조하여 여러 독일어 곡들을 불렀고, 이러한 노래들 중 하나로 1944년 후반에 〈릴리 마를렌〉을 취입하게 된다. 그

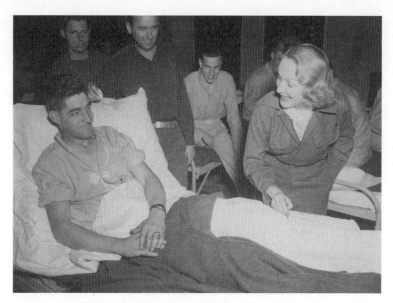

1944년 11월 벨기에의 군병원을 방문한 디트리히(오른쪽).

녀 특유의 허스키한 목소리가 돋보이는 〈릴리 마를렌〉은 전선에서는 물론 후방에서도 최고의 인기를 얻었다.

전선의 여신 VS 변절자?

1944년 이후 연합군이 본격적으로 공세를 시작하며 추축군을 압박할 즈음 그녀 역시 영국, 이탈리아, 프랑스를 누비며 전선에서 사투를 벌이는 장병들을 위한 위문 공연에 적극 참여했고 그녀의 노래와 공연은 병사들에게 가장 많은 사랑을 받는 최고의 레퍼토리가 되었다. 더불어 그녀는 전선의 병상을 누비며 특유의 입술연지 사인으로 부상병들을 위로했다. 당시 그녀의 연인이었던 프랑스 영화배우 장 가뱅(Jean Gabin, 1904~1976)도 자유프랑스군의 일원으로 프랑스 해방 운동에 적극 참여했는데 그녀 역시 종종 최전방까지 가서 병사들을 만나곤 했다. 1944년 12월의 소위 '벌지 전투' 당시에는 벨기에에서 위문 공연을 하던 중 갑작스러운 독일군의 기습을 간신히 벗어난 아슬아슬한 순간도 있었다. 당시 그녀의 헌신적인 활동은 역시 나치를 피해 미국으로 피신한 오스트리아 출신 유대계 영화감독 빌리 와일더가 가장 간결하게 요약하였다. "마를레네 디트리히는 아이젠하워 장군보다 전방에 더 많이 있었다"라고.

이후 그녀는 진공하는 연합군과 함께 독일 본토로 진입했는데, 독일 서부 아헨 인근의 슈톨베르크에 들어갔을 때 그녀를 알아본 주민들의 따뜻한 환영을 받았다. 이러한 환영은 이곳에만 국한된 것은 아니어서, 세계적인 대스타를 알아본 주민들은 독일 곳곳에서 그녀를 환영했다.

하지만 모든 독일인들이 그렇진 않았다. 패전 후 독일인들의 생활은 문자 그대로 나락으로 떨어졌고, 서부 독일에서 독일 여성들은 먹을 것을 얻기 위해 연합군 병사들에게 몸을 팔아야 했다. 특히 소련군이 점령한 동부 독일 및 베를린에서 독일인들은 문자 그대로 지옥을 경험하고 있었다. 나치에 대한 복수심에 불타는 소련군은 독일에 진군하며 닥치는 대로 약탈하고 무차별적으로 독일 여성들을 강간했고, 영국의 전쟁사학자 앤터니 비버에 따르면 그 숫자가 무려 200만 명에 이른다고 할 정도로 충격적인 규모였다. 이러한 상황에서 조국을 버리고 연합군 편에 붙은 상징적인 인물인 디트리히에 대한 상당한 반감이 존재했던 것도 사실이었다. 그녀도 이러한 분위기를 잘 인지하고 있었다.

영원한 이방인 그리고 안식

1945년 11월 베를린에서 어머니의 장례식에 참석한 후 그녀는 주로 미국, 영국, 프랑스 등에서 활동했고, 알프레드 히치콕과 프리츠 랑 등의 유명 감독들과 몇 편의 작품을 함께 찍었다. 1950년대부터는 주로 라스베가스의 대형 호텔에서 그녀의 라이브쇼를 공연했고, 간간이 월드 투어를 하며 팬들을 찾아다녔는데 1960년에는 서독과 서베를린을 방문했다. 청중들의 반응은 대체로 호의적이었지만 곳곳에서 예기치 못한 사고가 발생했다.

뒤셀도르프에서는 어린 소녀가 그녀에게 침을 뱉었고, 청중에게 계란 세례를 받기도 했다. 그리고 베를린에서 공연을 할 때는 극장 앞에 일단의 시위대가 몰려들어 "꺼져라(Raus)"라는 원색적인 구호를 외쳤는데 심지어는 폭탄 테러 위협까지 있었다. 문제는 이들 중 다수가 나치나 그 추종자라기보다는 그저 평범한 독일 국민이었다는 점이었다. 그녀의 이름을 딴 거리를 조성하려는 계획도 취소되었다.

디트리히는 당시 베를린 시장이었던 사회민주당 소속의 빌리 브란트에게는 환대를 받았지만 그녀에 대한 적대적인 일련의 사건들로 마음에 커다란 상처를 입었고 다시는 독일에 돌아가지 않았다. 하지만 독일 외의 지역에서는 계속 활동을 이어가 심지어 1962년 이스라엘에서는 현지에서 금기시되던 독일어로 노래를 부른 전후 최초의 가수가 되었다.

베를린 쇠네베르크에 있는
마를레네 디트리히의 무덤.

1970년대 중반 이후 그녀는 파리에 정착해서 조용히 말년을 보냈고, 자신의 늙고 초라한 모습을 감춘 채 사실상 은둔하게 되었다. 그럼에도 불구하고 그녀의 마음은 언제나 고향인 베를린을 그리워했다. 특히 1989년 베를린 장벽이 무너지자, 자신이 죽고 나면 베를린에 묻히길 바란다는 유언을 작성하기도 했다.

1992년 5월 그녀가 사망하자 독일인들도 마침내 그녀를 받아들였다. 그녀의 시신은 장례식 후 항공편으로 파리에서 베를린으로 옮겨졌고, 쇠네베르크 묘지에 안장되었다. 하지만 이후에도 베를린에 그녀의 이름을 딴 광장과 거리를 조성하려는 시도는 여전히 독일 내에서 논란거리였고 번번이 좌절되었다. 전후 50년이 지났지만 독일 국민들의 감정에 아직은 지워지지 않은 앙금이 존재했던 것이며, 완전한 치유에는 더 많은 시간이 필요한 듯 보였다.

결국 1997년 11월에 베를린 티어가르텐의 중앙광장이 '마를레네 디트리히 광장(Marlene Dietrich Platz)'으로 명명되었고 2002년 5월에는 그녀에게 베를린 명예시민증이 수여되었다. 마침내 디트리히와 독일 국민들 간에 완전한 포용과 화해가 이루어진 것이다. 격랑과 같은 20세기에 전 세계를 떠돌며 파란만장한 삶을 살다 간 위대한 배우이자 세계 시민의 마지막 장면이었다.

3장

극단적 신념의 추종자

자신이 원하는 이상적인 사회나 국가를
건설하기 위해 조국을 배신한 사람들.
철저한 이념과 신념으로 무장했으며
끝까지 자신의 행위의 정당성을
주장했다. 국가의 관점에서는
이론의 여지가 없는 반역자들이다.

비드쿤 크비슬링

노르웨이의 정치가

레옹 드그렐

벨기에의 정치가, 군인

매국노의 동의어가 되다

비드쿤 크비슬링

영어 사전에서 '매국노'란 단어를 찾아본다면 우선 대부분의 사전에서 'Traitor'란 단어가 우선적으로 나올 것이다. 그리고 다음 줄에 'Quisling'이라는, 어떻게 발음해야 할지 난감한 단어가 등장한다. 어감으로 볼 때 아마도 북유럽이나 독일어권에서 파생된 단어처럼 들리는 이 단어는 사실 한 사람의 이름, 그것도 20세기에 살았던 현대인의 이름이다. 사전의 설명을 보면 이 사람은 노르웨이의 정치가로서 그 이름이 반역자 또는 매국노와 동의어라고 쓰여 있다. 도대체 왜 한 사람의 이름이 하나의 명사로, 그것도 좋지 않은 의미로 실리게 된 것일까? 우선 19세기 말의 노르웨이로 가보자.

성실한 수재

노르웨이는 원래 덴마크의 일부였다가 1814년 스웨덴에 양도되어 1905년까지 스웨덴과 연합왕국의 형태로 존재했다. 비드쿤 크비슬링은 이 연합왕국 시기인 1887년 7월에 노르웨이 남부 텔레마르크주의 소도시인 피레스달에서 태어났다. 그의 아버지는 교회의 목사이자 계보학자였는데 신학에 대한 책을 낼 정도로 상당히 경건하고 보수적인 사람이었다. 어머니는 평범한 가정주부였지만 친정이 당시 노르웨이 남부에서 꽤 유명한 재력가 집안이었다.

4남매의 장남이었던 크비슬링은 어릴 때는 조용하고 나서기 싫어하는 성격으로 그다지 주목받는 아이가 아니었다. 1893년에 학교에 진학한 이후로 그의 능력이 서서히 드러나기 시작했는데 역사, 자연과학, 인문학 등 학업 전반에서 대단히 우수한 성적을 거두었고 특히 수학에 상당한 재능을 보여주었다.

18살이 되던 1905년 그의 조국인 노르웨이는 스웨덴으로부터 독립하게 된다. 그는 신생 조국을 위해 무엇을 할 것인가를 고민하던 중 당시 유럽 및 노르웨이 사회를 휩쓸던 민족주의에 영향을 받아 노르웨이 육군사관학교로 진로를 결정했다. 당시 크비슬링은 발군의 실력으로 250명의 동기생 중 1등의 성적으로 입학하였고 이듬해에는 육군대학에서 학업을 이어나갔다. 그는 타고난 재능과 두뇌 및 특유의 성실함을 통해 1908년 졸업할 때 육군대학 개교 이래 최고 성적으로 졸업하는 영광을 누린다. 장래가 촉망되던 청년 장교 크비슬링은 이후 육군 참모본부에 배치되어 근무하게 되었다.

당시 참모본부 소속 장교들에게는 특정 국가를 자신의 연구 대상으로 선택하여 이에 대해 공부하고 분석하는 임무가 부여되었다. 처음에 크비슬링은 중국을 선택하여 연구하려 했지만 1911년 일어난 신해혁명 때문에 대상 국가를 또 하나의 대국인 러시아로 바꾸었고, 이 선택은 그의 인생에 큰 전환점이 되었다.

혁명의 광풍 속에서

노르웨이는 1차 대전 동안 중립을 유지했고, 전쟁 기간 동안 크비슬링은 마음껏 러시아 연구에 몰두할 수 있었다. 그러던 중 1917년 3월(율리우스력 기준으로는 2월이다. 당시 러시아는 율리우스력을 사용했고, 1918년에야 현재의 그레고리력으로 전환했기에 2월 혁명이라고도 불린다)에 러시아의 차르 지배에 반대하는 혁명이 일어나 로마노프 가문의 제정은 무너지게 된다.

이후 러시아에서는 케렌스키가 임시정부를 이끌며 나라를 추스르

1920년 5월 모스크바에서 연설하고 있는 레닌.

려 노력했지만 전쟁에 지친 민중에게 독일과의 전쟁을 지속하는 케렌스키는 또 한 명의 차르일 뿐이었다. 이러한 상황에서 볼세비키는 정권을 탈취할 기회를 호시탐탐 노렸고, 마침내 같은 해 11월(율리우스력으로 10월)에 볼세비키 공산주의 혁명을 일으켜 모든 권력을 소비에트로 집중시키려 했다.

　혼란스러운 러시아의 상황 속에서 크비슬링은 1918년 3월 당시 수도였던 페트로그라드(지금의 상트페테르부르크)에 있는 노르웨이 대표부의 무관으로 발령받았다. 현지 부임 이후 그는 그동안 연구했던 러시아의 실상을 파악하고 분석하여 본국에 정확히 보고하는 데 전력을 기울였다. 러시아의 상황에 대한 그의 보고는 외무부 및 당시 국왕이었던 호콘 7세(Haakon VII, 1872~1957)에까지 정기적으로 보고될 정도로 깊은 신뢰를 받고 있었다.

크비슬링은 특히 붉은군대를 조직하고 이끌고 있던 레온 트로츠키(Leon Trotsky, 1879~1940)의 용병술을 높이 평가하고 이를 대단히 효율적이라고 생각했는데, 비록 내전이 계속되고 있었지만 이미 러시아 사회는 볼셰비키에 의해 장악되었다고 판단하고 있었다. 1918년 12월이 되자 러시아는 더 이상 외교관에게조차 안전하지 못한 곳이 되었고, 크비슬링도 다른 동료들과 함께 노르웨이로 철수하였다. 조국으로 돌아온 그는 자타공인 최고의 러시아 전문가로서 노르웨이 및 군 내에서 확고한 입지를 굳히게 된다.

본국에 돌아온 그는 다시 해외 근무를 지원하여 1919년 9월에 핀란드 헬싱키에서 정보장교로 근무하게 되었다. 러시아에 비하면 그곳의 임무는 그다지 역동적인 것이 아니었다. 일시 귀국하여 지내던 그는 1922년 1월에 유명한 오지 탐험가이자 인도주의자인 프리드쇼프 난센(Fridtjof Nansen, 1861~1930)의 요청으로 재차 러시아로 향하게 된다.

당시 난센은 러시아 및 우크라이나에서 발생한 기근으로 인해 아사 직전에 있던 수많은 난민들을 구하기 위해 힘쓰고 있었는데, 노르웨이에서 러시아 전문가로서 명성 높은 크비슬링이 그에게 큰 도움이 될 것으로 생각했다. 당시 남부 러시아와 우크라이나 일대의 농촌 지역은 내전으로 인한 황폐화에 더해진 기근으로 인간이 겪을 수 있는 최악의 참상을 경험하고 있었다. 먹을 것이 떨어진 지역에서 하루 1만 명 이상의 주민들이 굶어 죽어가는 실정이었고 70세의 난센은 국제연맹의 후원을 받아 이들을 돕기 위해 최선을 다하고 있었다(그는 이 공로로 1922년 노벨 평화상을 수상한다). 크비슬링은 그의 러시아어 능력과 행정 수완 및 보고서들을 통해 현지의 어려움을 효과적으로 전달했고 외부의 관심과 지원을 재난 현장에 집중시키는 데 노력했다.

이 과정에서 그는 배우자를 만난다. 우크라이나의 하리코프에서 활동을 하던 중 이제 막 17살이 된 알렉산드라 보로니나와 만나 1922년 8월 결혼하게 된다. 하지만 이 둘의 결혼은 서로의 사랑에 기반한 것이 아니었고, 이듬해 보로니나가 임신을 하자 그는 아이를 지울 것을 제안한다. 이 와중에 크비슬링은 하리코프에서 마리아 파세츠니코바라는 또 다른 현지인 여성을 만나, 보로니나와의 결혼을 이어가면서 이 새로운 여성과도 결혼해 버리는 이해 못할 행동을 저질렀다. 그러면서 새 아내에게는 보로니나와의 결혼은 그녀를 러시아에서의 불행한 삶으로부터 구하려고 형식상 했던 것이라고 설명했다.

이 세 명은 1924년에 노르웨이로 함께 귀국했고, 크비슬링은 주위의 친지들에게 보로니나를 아내가 아닌 입양한 자녀라고 소개했다. 결국 이러한 말도 안 되는 기묘한 동거는 파국으로 끝나고 말았다. 견디다 못한 보로니나가 노르웨이를 떠나 친지가 있던 프랑스 니스로 도피한 것이었다. 그녀는 당시 러시아인 공동체가 있던 중국에 머무르기도 했고, 2차 대전 후에는 결국 재혼한 남편을 따라 미국에 정착하였으며, 훗날 크비슬링과의 삶에 대한 책을 출판하기도 했다. 하지만 노르웨이에는 결코 돌아가지 않았다.

1925년에 크비슬링은 다시 난센의 제의를 수용하여 아르메니아의 난민을 돕기 위해 함께 일하게 된다. 하지만 아르메니아에서의 일은 그다지 잘 풀리지 않았고 국제연맹에의 지원 요청도 모두 기각되었다. 이러던 중 그는 과거 무관 시절의 인맥을 통해 모스크바에서 일자

1925년 국제연맹 아르메니아 위원회의 난센(앞줄 가운데)과 크비슬링(뒷줄 오른쪽).

리를 구해, 소련과 외교 관계가 없던 영국 정부를 대신하여 영국의 이익을 대변하는 연락사무소 대표로서 근무하게 된다. 당시 그는 내전 이후 소련에서 볼셰비키들의 강경하고 잔인한 모습들을 목격하고, 이를 통해 좌파에 대한 부정적 인식과 혐오를 키우게 된다.

1929년에 그는 소련에서의 생활을 정리하고 노르웨이로 귀국했고, 영국 정부로부터 그간의 공로로 대영제국훈장을 수여받았다. 이 훈장은 훗날 1940년에 그가 친나치 정부를 이끄는 과정에서 영국 정부에 의해 박탈당한다.

3장 극단적 신념의 추종자

정치계 입문과 '국가연합' 결성

귀국 후 그는 잠시의 휴식기를 가지며 향후 펼쳐나갈 생각을 정리하게 된다. 그의 오랜 해외에서의 경험, 특히 혁명의 와중에 있던 러시아에서의 다양한 사건들은 그를 열렬한 반공주의자로 만들었다. 더불어 그는 노르웨이라는 나라에 적합한 나름의 사회 이념을 구상하고, 이것을 '노르웨이의 행동(Norsk Aktion)'이라 이름 지었다. 이 행동 강령을 위해 노르웨이 각지에 지부를 둔 전국적 단체도 염두에 두었는데 아이러니하게도 그가 혐오하는 소련 공산당의 조직 구성과 닮아 있었다. 더불어 그의 단체는 군대의 수직적 조직에도 바탕을 두었고, 이는 그 당시의 나치나 다른 유럽 국가들 내의 파시스트 단체들과 유사했다.

1930년 5월에 노르웨이의 국민적 영웅이었던 난센이 사망하자 크비슬링은 노르웨이의 유력 일간지에 〈프리드쇼프 난센의 죽음에 즈음한 정치적 견해〉라는 글을 기고했다. 이 글에는 '강력한 정부'와 '인종과 유전' 등의 내용이 포함되어 있었고, 이를 계기로 그는 우파 사이에서 지명도를 넓혀나갔다. 그리고 1931년 3월에는 급기야 '노르웨이 노르드민족 부흥(Nordisk folkereisning i Norge)'이라는 단체를 조직하고 그 수장으로 올랐다. 이 단체의 가장 중요한 강령 중 하나는 반공이었으며, 국가 내부의 철저한 공산주의 제거를 목표로 하였다. 일련의 과정을 통해 그의 정치 노선은 점진적으로 극우 파시즘 성향을 띠게 되었다.

이렇게 사회적 그리고 정치적인 기반을 쌓아가던 그는 1931년 5월에는 중도 노선인 농림당(지금의 노르웨이 중도당) 정부에서 국방장관으로 취임하게 된다. 그의 등장은 정치적으로 상당한 논란거리였는데

1934년 국가연합의 모임에 참석한 크비슬링(왼쪽에서 다섯 번째).

그는 장관에 취임하자마자 당시 대공황의 영향으로 임금을 삭감당한 노조원들의 대규모 파업을 군대를 동원해 강력하게 진압했다.

　이후 크비슬링은 좌파 및 공산주의 세력에 눈을 돌려 좌익 및 노조 지도자들을 탄압하고 이를 실천하기 위해 반혁명 준군사조직도 구성했다. 내각이 바뀐 후에 그는 국방장관에서 사퇴했지만 반공 우파 정치인으로서의 입지는 확실하게 유지하고 있었고, 전에 그가 결성했던 단체인 '노르웨이 노르드민족 부흥'을 '국가연합(Nasjonal Samling)'이라는 정당으로 확대시켰다. 국가연합은 한때 노르웨이 상류층을 중심으로 지지 기반을 확보했지만 1933년과 1936년 두 차례 선거에서 의회에 단 한 석도 못 얻는 비참한 결과를 얻으며 쇠퇴의 길을 걸

　　　　　　　　　　　　　　　　　　3장 극단적 신념의 추종자

었다.

이즈음 그는 해외의 파시즘 단체들에게도 눈을 돌리기 시작했다. 이탈리아나 독일의 파시스트들과 교류하며 국제적으로도 극우 정치인으로서 확실한 눈도장을 찍게 된다. 1934년에는 독일 나치의 핵심 이론가인 알프레트 로젠베르크를 만났고 이후에는 독일도 자주 방문하며 사상적 동지로서 우의를 다졌다. 또한 다른 고위급 나치 인사들과의 만남을 통해 크비슬링은 강력한 반유대주의와 친독, 반공 성향을 노골적으로 드러냈는데 국내 정적들은 그를 노르웨이판 히틀러라며 맹렬히 비난했다. 이러한 가운데 그와 노르웨이의 운명을 뒤흔들 전쟁의 먹구름이 서서히 다가오고 있었다.

나치의 침공과 쿠데타

1939년 9월 1일 독일은 폴란드를 침공했고 이틀 후인 9월 3일에 영국, 프랑스와 전쟁에 들어가게 된다. 노르웨이는 지난 전쟁 때와 마찬가지로 중립을 선택했고 전화에 휩쓸리기를 원치 않았다. 하지만 노르웨이의 지리적인 위치나 보유한 자원 등은 북유럽의 평화로운 나라를 그렇게 내버려 두지 않았다. 노르웨이는 중립국으로서 적어도 대외적으로는 영국, 프랑스 등 연합국과 독일 사이에서 균형을 유지하고 있었고 사실 국민들의 정서도 둘로 나뉘어 있었다(반면 이웃 나라인 스웨덴은 확실히 친독 정서가 강했다).

1939년에서 1940년을 지나며 연합군과 독일군은 별다른 전투 없이 대치만 하고 있던 소위 '가짜 전쟁'의 시기에 있었다. 당시 육지에서는 사실상 전투가 없었기에 바다에서의 작은 대결도 큰 이슈가 되었는데, 1940년 2월에 노르웨이의 중립을 위협하는 결정적 사건이 일어나게 된다. 대서양에서 사로잡힌 영국 포로를 몰래 수송하던 독일 화물선 알트마르크호가 노르웨이 영해에서 영국 군함에게 피격, 나포당한 것이다. 노르웨이 정부는 자국 영해에서 벌어진 양측의 충돌에 적잖이 당황했다.

사실 독일은 그 이전인 1939년 11월에 이미 노르웨이 침공 작전을 비밀리에 입안했는데, 이는 당시 독일을 방문하여 히틀러를 만나고 연합군의 노르웨이에 대한 위협을 과장했던 크비슬링의 영향이 컸다. 연합군 역시 해군장관인 윈스턴 처칠의 주도로 노르웨이 침공 작전을 구상하였다. 영국 입장에서 볼 때 노르웨이는 독일이 대서양으로 나가는 길목을 막을 수 있는 중요한 통로였기 때문이다. 독일 입장에서도 노르웨이는 특유의 피오르해안에 수많은 함선과 유보트가 정박할 수 있으며, 북쪽의 나르비크항을 통해 스웨덴산 철광석을 안전하게 수송할 수 있는 최적의 전략 기지였다. 노르웨이 침공은 시간의 문제였다.

1940년 4월 9일 독일군은 스칸디나비아 침공을 개시하였다. 독일군의 첫 번째 목표는 바로 북쪽에 위치한 덴마크였는데, 덴마크 국왕 크리스티안 10세는 빈약한 군사력을 절감하고 불과 침공 6시간 만에 항복했고 독일군은 바로 핵심 목표인 노르웨이로 향했다. 독일군은 신속한 공격을 위해 다수의 순양함과 구축함을 동원하여 노르웨이의 전략 목표로 병력을 수송했다.

4월 9일 새벽을 틈타 노르웨이 해안에 접근한 독일 침공군은 노르웨이군의 예기치 못한 저항에 부딪히게 된다. 특히 수도 오슬로 인근의 오스카스보르그 요새 같은 경우 아이러니하게도 독일 크루프사의

1940년 4월 9일 오슬로 앞바다에서 격침당한 독일 중순양함 블뤼헤르.

구형 대포로 독일군 함대를 맹렬히 포격했다. 이 포격으로 노르웨이
군은 중순양함 블뤼헤르와 뤼초프(원래 함명이 '도이칠란트'였으나 나라의
이름을 딴 배가 침몰할 경우의 악영향을 우려하여 개명했다)를 격침 및 대파
시키고 독일군 1000여 명을 수장시키며 침공을 늦추었다.

 이러한 노르웨이군의 분전을 통해 국왕 호콘 7세와 내각 요인들 및
국회의원 150명이 탈출할 수 있는 시간을 벌었고 영국에 노르웨이
망명정부가 수립될 수 있었다. 더불어 독일 해군이 예상보다 큰 손실
을 입으면서 훗날 독일의 바다를 통한 영국 침공이 더욱 어려워졌고,
이에 독일은 공군으로 영국을 압도하려 했지만 이 역시 실패하였다.
당시에는 인지하지 못했겠지만 노르웨이에서의 전투는 역사의 흐름

2차 대전 당시
노르웨이 국왕 호콘 7세.

을 연합군 측으로 바꾸는 데 일조했다.

노르웨이군이 구식 장비로 최신 무기의 독일군을 막아내며 악전고
투하고 있던 바로 그때, 이미 독일 측과 사전 교감을 하고 있었던 크
비슬링은 오슬로의 노르웨이 국영 방송국으로 향했다. 그는 방송국
의 라디오를 통해 자신을 총리로 발표하고 현 내각이 이미 오슬로를
버리고 도망쳤다며 노르웨이군에 즉시 무기를 버리고 항복할 것을
명령한다. 본격적인 '매국노'의 길로 들어선 것이다.

3장 극단적 신념의 추종자

이 시점에 호콘 7세와 내각 요인들은 오슬로에서 북쪽으로 50km 정도 떨어진 엘베룸에 피신해 있었는데 주노르웨이 독일 대사는 이들을 방문하여 이미 독일 측의 제안을 수락한 덴마크의 예를 들며 크비슬링을 정식 총리로 임명할 것을 종용했다. 크비슬링을 총리로 임명하는 것은 침공한 독일군에게 사실상의 면죄부를 주는 것이었지만 독일 측의 압도적인 전력 앞에 내각은 흔들렸다.

하지만 국왕 호콘 7세가 크비슬링의 총리 임명에 격렬히 반대하고 그가 임명될 시 왕위를 포기하겠다고 강하게 주장하자 분위기는 반전되었고, 내각은 크비슬링의 총리 임명 및 독일 측의 제안을 만장일치로 거부했다. 크비슬링은 경찰과 군대에 국왕 및 내각을 체포하도록 명령했지만 모두 이행되지 않았다. 심지어는 이때부터 국가연합 내의 측근 인사들조차 그를 반역자로 보았다. 크비슬링에 대한 노르웨이인들의 불복종을 보며 사태의 심각성을 눈치챈 독일 측은 불과 6일 만에 그를 물러나게 했다.

한편 호콘 7세는 계속 피신하여 6월 7일에 노르웨이 북단 트롬쇠 항에서 영국 순양함을 타고 망명길에 올랐다. 그는 영국에서 노르웨이 저항의 상징으로서 망명정부를 이끌었고 정확히 5년 뒤인 1945년 6월 7일에 조국으로 돌아오게 된다.

괴뢰정부의 수반이 되다

노르웨이가 항복한 후 독일은 나치당원인 요제프 테르보벤(Josef Terboven, 1898~1945)을 현지 점령의 최고 책임자로 파견하였다. 그는 크비슬링의 국가연합 외 모든 정당의 활동을 금지시켰고 1941년 9월에 국가임시위원회라는 단체를 통해 각료들을 구성하고 그 수장으로 크비슬링을 임명하였다. 추후 크비슬링 중심의 내각 및 괴뢰정부로 나아가려는 포석이었던 것이다. 그리고 마침내 1942년 2월에는 크비슬링을 공식적인 수반으로 하는 정부가 출범하게 된다. 크비슬링은 그의 정부 출범이 '새로운 노르웨이'의 시작이라며 대단한 의미를 부여했지만 노르웨이 국민들 중 이에 찬성하는 사람들은 극히 소수였으며 그는 여전히 독일 측 대리인 테르보벤의 손아귀에서 벗어나지 못하는 꼭두각시에 불과했다.

그는 왕궁에 자신의 집무실을 마련하여 노르웨이의 진정한 지배자로서의 자신의 위상을 보여주려 했다. 이후 나치의 정책에 적극 부응하여 본격적으로 유대인에 대한 박해를 시작했는데 이미 지난 세기에 폐기된 유대인 입국 금지법을 부활시켰으며 모든 유대인들을 등록시켜 재산을 몰수하고 노르웨이 내 수용소로 이송했다. 1942년 11월에는 유대인들을 최종적으로 독일 점령지인 폴란드로 보냈는데 768명의 유대인 추방자들 중 살아남은 사람은 4% 미만인 28명에 불과했다. 이는 인접국인 덴마크가 국왕 및 국민들의 적극적인 저항과 도움으로 나치에 의한 희생자가 거의 없었다는 점과 크게 대비된다. 훗날 크비슬링은 유대인들이 이주하면 살해되는 것이 아니라 아프리카의 프랑스령 마다가스카르섬에 '최종 재정착'할 것이라는 독일 측의 선전을 끝까지 믿었다고 주장했다.

더불어 크비슬링은 나치의 히틀러 유겐트를 모방해 국가연합 내에 청소년 단체를 조직하려 했는데 이것은 전국의 학교 및 교회의 엄청난 반발을 야기했다. 일선 교사와 종교인들의 사퇴가 줄을 이었으며 더 나아가 대규모 시민 저항으로 번질 조짐을 보이게 된다. 이에 크비

1942년 2월 오슬로의 정부 출범식의 테르보벤(가운데 안경 쓴 인물)과 크비슬링(그 오른쪽).

슬링은 노르웨이 내 저항운동의 구심점으로서 정권 불복종에 적극적이었던 에이빈드 베르그그라브(Eivind Berggrav, 1884~1959) 주교를 체포하여 처형하려 했는데, 이는 독일 당국에서조차 반대 의견이 나올 정도로 도를 넘어선 행위였고 결국 실패하고 말았다. 노르웨이 안에 크비슬링이 설 곳은 거의 없어 보였다.

1941년 6월 독일의 소련 침공 이후 독일군의 병력 수요가 증가하는 가운데 그는 독일에 대한 지원을 대폭 늘리려 했고, 특히 노르웨이인 지원병으로 구성된 부대를 동부전선으로 파병했다. 크비슬링은 그들이 노르웨이군으로서 핀란드 전선에 투입되어 영토를 획득하기를 내심 바랐지만 독일군은 이를 허락하지 않았고, 노르웨이 지원병 부대는 대신 북부집단군의 후위 부대로서 참전하다가 1943년 4월에 해체되었다.

시간이 흘러 1945년 1월이 되자 독일군의 패배는 명확해졌고 크비슬링은 히틀러와 면담을 통해 노르웨이의 독립을 확정하려 했지만 히틀러는 이를 단호히 거부했다. 그가 그토록 바라던 '독립 노르웨이' 수립이 실패했다는 것은 전후 크비슬링이 조국에 반역자로서 낙인찍히게 되리란 것을 의미했다. 이제 그에게는 조국의 배반자로서의 비참한 최후만이 기다리고 있을 뿐이었다.

최후의 심판

1945년 5월 8일 마침내 나치 독일이 패망했고 크비슬링은 그의 각료들과 함께 다음 날 공식적으로 항복했다. 망명에서 돌아온 노르웨이 정부는 그를 포함한 괴뢰정부 인물 및 대독 협력자들에 대해 대대적인 조사 및 재판을 시작했다. 크비슬링은 거의 모든 사람들에게 이론의 여지가 없는 반역자였다. 그는 1945년 9월 10일에 모든 혐의에 대해 유죄가 인정되어 사형을 선고받았고, 한 달 후인 10월 24일에 총살형이 집행되어 생을 마감하였다. 그는 마지막까지 자신의 무죄를 주장하며 자신은 조국을 위해 최선을 다했다고 주장했지만 사람들의 반응은 지극히 냉담할 뿐이었다. 이미 그의 이름은 살아생전에 반역자와 동의어로 사용되었고 지금도 같은 의미로 사전에 등재되어 있다.

크비슬링은 나름의 신념을 가지고 조국을 이끌겠다고 나섰지만 그가 추구한 신념은 지극히 편향되고 잘못된 것이었다. 그리고 그 신념

종전 이후 반역죄로 재판을 받고 있는 크비슬링.

을 전파하는 그 과정에서 많은 사람들을 죽게 만들었으며 모든 사람
들로부터 외면당했다. 결국 그의 행동은 명백한 반역으로 역사책에
남게 되었다.

마지막 파시스트

레옹 드그렐

LÉON DEGRELLE
(1906~1994)
벨기에의 정치가, 군인

1977년 말 벨기에의 프랑스어권 공영 방송인 RTBF(Radio Television Belge de la communaute Fracncaise)는 한 인터뷰 다큐멘터리의 방영을 놓고 깊은 고민에 빠져 있었다. 다큐멘터리의 주인공은 벨기에가 아닌 해외에 거주하고 있는 사람으로서 그의 과거의 행적을 통해 지난 수십 년 동안 벨기에 사회에서 터부시되었던 인물이었다.

방송국 최고위층 및 이사회까지 개입되어 격론이 벌어졌는데 최종적으로 방송을 연기하기로 결정되었다. 하지만 그 연기 시기는 구체적으로 명시되지 않아서 사람들의 의구심만 증폭되었다. 결국 해당 프로그램은 무려 11년이나 지난 1988년 3월에서야 방송될 수 있었다. 다큐멘터리는 처음에 기획된 5회에서 총 3회로 축소 편집되어 방송되었는데 매회가 방송될 때마다 벨기에 사회에서는 엄청난 논쟁이 벌어졌다.

도대체 어떤 사람의 인터뷰를 담았기에 이러한 일들이 벌어졌던 것일까? 그는 레옹 드그렐이라는 벨기에 태생의 스페인 시민권자로 과거 2차 대전에서 나치 독일군에 고위 장교로 복무한 적이 있었다. 그의 인생은 벨기에 및 유럽 현대사의 가장 첨예했던 부분을 그대로 관통하고 있는데, 우리는 그의 생애를 통해 이러한 논란이 일어나게 된 역사적 맥락과 배경을 구체적으로 살펴볼 수 있다.

청년 활동가

유럽 북서부에 위치한 벨기에는 주변의 프랑스, 독일 및 네덜란드와 국경을 마주하고 있고 그 구성원들도 이들 세 나라의 혈통으로 구성되어 있다. 레옹 드그렐은 그중 프랑스어 사용권인 남부 왈롱의 부

이용에서 프랑스계 아버지와 룩셈부르크계 어머니 사이의 다섯째 아이로 태어났다. 그의 아버지 에두아르는 사업적, 정치적 야망을 가진 사람이었는데 1901년에 벨기에로 건너온 후 맥주 양조장을 성공적으로 운영했고 가톨릭 정당의 지역 대표로서 정치에도 참여했다. 그의 가족은 지극히 엄격하고 보수적인 생활을 영위했는데 일요일은 물론 평일에도 미사를 빠지지 않고 드릴 정도로 열정적으로 보수적인 신앙을 지켰다.

드그렐은 학교에 들어가서 문학에 깊은 관심을 갖게 되었고 15세에 이미 지역 신문과 잡지에 시와 산문들을 기고하기도 했다. 18세 때인 1924년부터는 벨기에 중부에 위치한 나뮈르 대학교에서 법학을 공부했는데 이때 프랑스의 급진주의자인 샤를 모라스(Charles Maurras, 1868~1952)의 사상을 접하게 된다. 반(反)의회주의자이자 반유대주의 단체 악시옹프랑세즈(Action Francaise)의 맹렬한 행동가였던 모라스의 이론인 통합주의(Integralism)는 이후 드그렐의 인생행로에 큰 영향을 끼쳤다.

드그렐은 같은 시기 가톨릭계 청년 단체에서도 활동했는데 이 때문에 전공에 집중하지 못하고 시험에 낙제하고 만다. 하지만 활동적이고 글을 즐겨 쓰는 드그렐을 눈여겨보던 가톨릭 사제 덕분에 루뱅 지역 학생신문의 편집을 맡게 되었고 오히려 그의 친가톨릭, 친보수적인 견해를 벨기에 곳곳에 널리 알릴 수 있었다. 1929년에는 《20세기(Le XXe Siècle)》라는 신문의 편집장이 되었고, 1930년에는 크리스투스렉스(Christus Rex)라는 출판사의 경영을 맡게 되었다. 그러던 중 그의 진정한 재능을 시험할 시간이 다가오고 있었다.

정치 입문과 렉스당의 부상

대공황이 한창이던 1932년 11월, 벨기에에서는 총선이 열렸고 드
그렐은 가톨릭당의 선거운동 담당자로서 각종 캠페인 문구를 만들고
팸플릿을 제작했다. 그는 사람들의 짧고 간결한 문구와 색채를 동원
하여 사람들의 뇌리에 깊이 각인되는 브로셔 및 소책자를 190만 부
이상 배포했다. 또한 〈땡땡(Tin-Tin)의 모험〉으로 유명한 만화가 에르
쥬(Herge, 1907~1983)의 간결한 포스터를 활용하기도 했다. 선거 결과
가톨릭당이 승리를 거둬 제1당이 되었지만 노동당도 많은 의석을 얻
어 절대 강자가 없는 상황이 전개되었다. 하지만 선거를 통해 드그렐
은 선전 전문가로서의 재능을 유감없이 발휘하였다.

선거 후 드그렐은 1933년 7월에 크리스투스렉스 출판사를 인수하
고 잡지《렉스(Rex)》를 본격적으로 발간하기 시작했다. 그는 일련의
글을 통해 그가 추진하려는 정치관과 미래상을 피력했는데 자유주의
는 부패했다고 싫어했으며, 공산주의와 자본주의도 모두 극도로 혐
오했다. 그의 이상은 가톨릭과 권위주의를 강화하고 가족의 가치를
우선시하는 사회였다.

그의 견해에 따르면 가톨릭당은 너무 온건하며 언젠가는 자신의
정치 세력이 넘어야 할 목표였다. 이러한 상황에서 가톨릭당과의 동
거나 협력은 불가능한 듯 보였다. 결국 1935년 중반 이후 드그렐은
이들과 멀어지게 되고 1936년 2월에는 공식적으로 결별하게 된다.
이제 그만의 독립된 길을 가야 할 시간이 된 것이었다.

렉스당의 본격적인 정치 참여는 1936년 5월의 총선 때부터였는
데 드그렐은 주로 신실한 가톨릭교인, 제대 군인, 자영업자 및 실업자
들을 핵심 지지층으로 삼고 적극 공략했다. 당시의 선거 결과 이전과

는 반대로 노동당이 근소하게 승리했는데, 이와 더불어 모든 사람들이 예상치 못했던 일이 일어났다. 드그렐의 렉스당이 11.5%의 득표율을 보이며 제4당으로 급부상한 것이다. 하원에서 렉스당은 202석 중 21석을 차지했으며 상원에서도 101석 중 8석을 차지하며 신생 정당으로서는 엄청난 선전을 했다. 렉스당이 벨기에 정치계의 신데렐라로 급부상하게 된 것이다. 하지만 이러한 렉스당에도 한계는 있었는데 지지층이 프랑스어권인 왈롱 지방으로 한정되었다는 것이었다. 북부의 네덜란드어권인 플란데런 지방은 유사한 성격의 정치 단체인 플란데런국가연합(Vlaamsch Nationaal Verbond)이 자리잡고 있었다.

선거의 결과 드그렐은 국제적인 인사로 지명도를 높이게 되었는데, 우선 같은 파시즘 정당이 지배하는 이탈리아로부터 초청을 받았다. 그는 1936년 7월에 베니토 무솔리니(Benito Mussolini, 1883~1945)와 만나 상호 관심사를 논의하고 재정 지원을 약속받았다. 그리고 두 달 후인 9월에 마침내 베를린에 가서 히틀러와 만나 반공산주의, 반자본주의에 대한 공통된 관심사를 토대로 재정 지원을 받게 된다. 하지만 이때까지 드그렐은 나치의 반교회 정책에 반발하였으며 독일의 재무장에도 깊은 우려를 표명했다.

한편 드그렐은 국내로 돌아와 여러 파시스트 행사 및 행진을 주최하며 세를 과시하려 했으나 번번이 정부에 의해 금지당했다. 그는 히틀러의 빠른 권력 장악 과정을 참고해 한 가지 방법을 생각해 냈는데, 바로 사퇴를 통해 보궐 선거를 유도하는 것이었다. 선거가 조기에 실시되면 다른 정당들의 표가 분산될 것이고, 대중이 렉스당을 선택하여 합법적으로 정권을 차지할 수 있으리라는 계산이었다. 하지만 그의 위험성을 간파한 노동당과 자유당이 연합 후보를 냈고 심지

1938년 연설 중인 드그렐. 이 시점에서 그는 정치적으로 한계에 봉착해 있었다.

어 공산당마저 이들을 지지했다. 결정타는 벨기에의 추기경인 판 로이(Jozef-Ernest van Roey, 1874~1961)가 렉스당을 "국가와 교회에 대한 위협"이라고 간주하며 시민들의 투표를 독려한 것이었다.

드그렐은 1937년 4월 치러진 선거에서 처참하게 패배했고 그의 상승세는 여지없이 무너지게 되었다. 이후 그는 나치에 본격적으로 의존하게 되었고, 이들의 핵심 이론인 반유대주의를 렉스당의 이념에 포함시켰다. 이러한 일련의 과정을 통해서 드그렐은 돌아올 수 없는 극단의 길로 들어서게 되었는데, 뒤이어 거대한 전쟁의 폭풍이 몰려오고 있었다.

독일의 점령과 '왈롱 군단'의 창설

독일이 2차 대전을 일으켜 영국, 프랑스와 전쟁에 돌입했을 때 드그렐은 강력하게 벨기에의 중립을 주장했다. 사실 벨기에는 1차 대전 때 중립을 선언했다가 독일에 침공당한 아픈 역사가 있었다. 때문에 심정적으로는 연합군 편이었으나, 독일에 대항하기에는 역부족이었기 때문에 겉으로는 중립을 유지할 수밖에 없었다.

하지만 1940년 5월 10일 독일군 B집단군이 서부전선의 오랜 침묵을 깨고 벨기에와 네덜란드를 향해 진격하자 벨기에는 즉시 독일과 교전에 들어갔다. 독일군의 침공 직후 벨기에 정부는 친독일적인 드그렐과 많은 렉스당원들을 국가에 대한 잠재적 위협으로 간주하여 체포했다. 그는 벨기에의 브루게에 감금되었고, 연합군의 전황이 불리해지자 프랑스 일대를 끌려다니게 되었는데 프랑스가 항복하고도 한 달이 지난 7월 22일에야 겨우 풀려날 수 있었다. 이후 그는 독일 측 고위 인원들과 접촉했는데, 독일과의 협력을 통해 그의 정치적 이상인, 프랑스 북부와 네덜란드 남부를 합한 '대(大) 벨기에' 건설을 달성하려는 의도를 가지고 있었다.

나치 점령하의 벨기에로 돌아온 드그렐은 그의 렉스당 조직을 강화하고 국왕인 레오폴드 3세를 보좌하는 유력 정치인들을 만나며 정치의 중심에 서려 했다. 하지만 국왕인 레오폴드 3세와 많은 정치인들은 물론 벨기에 교회까지 그를 싫어했고, 나치 역시 인기 없는 렉스당에게 권력을 주기를 주저했다.

이러한 가운데 그는 대중과의 호흡을 통해 지지 기반을 넓히려는 시도를 하게 된다. 드그렐은 당의 기관지인《진정한 국가(Le Pays Reel)》를 통해 렉스당의 홍보에 주력했고, 대중에게 렉스주의를 전파하기

1940년 6월 항복 이후 독일군에게 무기를 인도하고 있는 벨기에군.

위해 전국을 돌았다. 그러나 결과는 그다지 신통치 않았고, 많은 대중들은 파시스트인 그를 독일군과 동일시했다.

1941년 1월이 되자 더 이상 기다리지 못한 드그렐은 독일 점령 당국에 적극적으로 협력할 것을 공식 선언하게 된다. 본격적인 매국노의 길로 들어선 것이다. 이는 그의 인생에 있어 최악의 결정이어서 왈롱 지방의 프랑스어권 사람들이 대대적으로 등을 돌리게 되었고 당의 지지율은 더욱 곤두박질쳤다.

독일은 소련을 침공한 1941년 6월 이후 더 많은 병력이 필요하였고, 드그렐은 이 상황을 세력 확장의 기회로 보고 있었다. 그는 공산주의 국가인 소련에 대항하여 독일과 함께 싸우는 군대를 조직해 그

1943년의 왈롱 군단
모병 포스터.
볼셰비즘에 맞서자는
문구가 적혀 있다.

의 정치적 위상을 강화하려 했고, 렉스당원을 중심으로 지원병 모집
을 시작했다. 이와 동시에 북부의 플란데런 지방에서도 플란데런국
가연합을 중심으로 독자 부대를 만들려는 시도가 있었다.

하지만 복잡한 문제가 있었는데, 나치즘의 관점에서 볼 때 렉스당
이 기반한 왈롱 지방의 사람들은 게르만족이 아니었다. 독일군이 게
르만계로 이루어진 플란데런 군단을 더 신뢰한다는 것은 분명해 보
였다. 자신이 지휘하는 왈롱 군단을 중심으로 '벨기에 군단'을 만들려
는 드그렐의 계획은 실패했다. 더불어 지원병의 모집도 지지부진했
는데, 렉스당원을 중심으로 모집이 시작되었지만 지원 인원은 목표

3장 극단적 신념의 추종자

대비 30%도 되지 않았다. 이러한 상황을 타개하기 위해 드그렐은 자신이 직접 사병으로 지원하는 초강수를 두었는데 이것이 효과가 있어서 1941년 8월까지 850명 이상의 인원이 모였다.

엘리트 집단인 무장친위대에 소속된 플란데런 군단과 달리 왈롱 군단은 독일 국방군 소속이었고 편제상 '제373대대'라고 명명되었다. 비록 같은 편이었지만 나치의 이데올로기에 따라 비게르만계인 왈롱 군단은 2선급 대우를 받은 것이었다. 이들은 기초 훈련을 위해 동부 독일로 이동하였고 '대 벨기에'의 이상을 상징하는 X자 모양의 부르고뉴 십자가를 부대 마크로 삼았다.

동부전선에서의 활약

왈롱 군단은 전장으로 향하며 자신들이 싸우는 이유가 '절대 악'인 공산주의 국가 소련을 무너뜨리는 것이고 이것이야말로 조국 벨기에에 대한 애국임을 철저히 교육받았다. 하지만 많은 병사들이 독일군 소속으로 히틀러에게 충성 맹세를 하는 것에 반감을 갖는 등 훈련 과정은 순탄치 않았다.

우여곡절 끝에 드그렐의 부대는 1941년 11월에 남부집단군 소속 제17군 예하에 배속되어 우크라이나의 도네츠분지에 투입되었다. 이곳에서 그의 부대는 본격적인 전투가 아닌 후방의 치안 유지 및 게릴라 소탕을 담당하였다. 이듬해 2월 말 드디어 본격적인 전투에 참가했는데 우크라이나 남부의 작은 마을인 흐로모바 발카에서 지난겨울의 반격 이후 잔뜩 기세가 오른 소련군을 막아내는 임무였다. 3월 2일까지 전개된 사흘간의 격전에서 왈롱 군단은 병력의 3분의 1을 잃는 엄청난 피해를 입었다. 하지만 이러한 희생을 통해 함께 싸웠던 독일군 측에 깊은 인상을 남기고 큰 신뢰를 얻게 되었다.

드그렐은 이 전투에서의 공적을 인정받아 하사관으로 진급했다. 이후 그는 벨기에에서 신병들을 추가로 모집했고 부대는 다음 작전을 위해 재정비하게 된다. 1942년의 독일군 하계 공세(청색 작전)에서 왈롱 군단은 주력군의 보급선을 방어하는 역할을 맡았다. 이 과정에서 그는 무장친위대 소속인 비킹 사단의 펠릭스 슈타이너와 만나 이들의 규율과 기풍에 강한 인상을 받게 된다.

그해 12월 드그렐은 베를린에 소환되어 제2의 왈롱 군단을 만들라는 지시를 받았는데, 그의 마음은 이미 무장친위대에서 싸우는 쪽으로 기울어 있었다. 여러 차례의 협의와 설득을 통해 1943년 6월 왈롱 군단은 무장친위대 소속 '왈로니아 돌격여단'으로 개편되었다. 비게르만계인 왈롱 군단이 무장친위대에 받아들여진 것은 독일군 측에서도 이들의 용맹함을 인정했다는 것이었고, 한편으로는 독일이 몰락하고 있다는 반증이기도 했다. 사병으로 군생활을 시작한 드그렐은 부대의 부지휘관으로 영전하게 된다.

1943년 10월 그의 부대는 차량화여단으로 개편되어 전투력 전반에 개선이 이루어졌다. 이후 크리스마스이브에 소련군은 드네프르강 일대에서 공격을 감행했는데 왈로니아 여단은 비킹 사단과 함께 강의 서안을 방어했다. 하지만 소련군의 압도적 병력과 화력 앞에 밀려나 1월 18일에는 체르카시-코르순 일대에서 소련군 2개 전차군에 완전 포위당했다. 드그렐과 그의 부대를 비롯한 약 6만 명의 독일군이 여기 갇혀버렸고, 독일군은 항공 보급으로 겨우 버티고 있었다. 스탈린그라드의 비극이 재현될 상황이었다. 승기를 잡은 소련군은 2월

3장 극단적 신념의 추종자

1944년 9월 히틀러와 만나 훈장을 받고 있는 드그렐.

17일에 독일군을 섬멸하고자 했고, 독일군은 독일군대로 결사적으로 포위망을 빠져나가려 했다.

왈로니아 여단은 후위 부대로서 처절한 사투를 벌이며 독일군의 철수를 엄호했다. 이 과정에서 여단장이 전사하고 드그렐이 부대장이 되었다. 결과적으로 여단 병력 2000여 명 중 드그렐을 포함한 632명만이 살아남았다. 이때의 공적으로 그는 친위대 소령으로 진급하고 독일군 최고 수준의 영예인 백엽기사십자철십자장을 히틀러로부터 직접 수여받았다.

이 훈장을 받은 외국인은 10여 명에 불과했는데 그 수훈자는 일본의 야마모토 이소로쿠 제독 같은 동맹국의 고위급 거물들이었다. 드그렐은 비독일인 중 거의 유일하게 전투에서의 공적으로 훈장을 받은 경우로, 독일 입장에서 그는 친독일적인 유럽인의 모범이자 영웅이었다.

이후 부대는 재편을 위해 벨기에로 돌아와 모병 등 독일의 각종 선전에 동원되었다. 1944년 9월이 되자 연합군이 벨기에로 진군을 시작했다. 10월에 드그렐은 그의 부대를 사단급으로 확대 개편해 무장친위대 '제28왈로니아 척탄병사단'이라는 제식 명칭을 받았지만 전투 가능한 인원은 프랑스와 스페인의 지원병까지 포함해도 4000명을 넘지 못했다. 시간이 갈수록 독일군의 패배는 분명해 보였고 왈로니아 사단은 끝도 없이 진격해 오는 소련군을 막기 위해 동부 독일 일대에서 몇 차례의 격전을 치렀다. 이제 종말의 시간이 다가오고 있었다.

탈출과 망명 생활

종전이 가까워지면서 드그렐은 엄청난 고민에 빠지게 된다. 친나치 파시스트인 그가 철저한 복수를 노리고 있는 소련군에게 항복한다는 것은 상상할 수도 없었다. 당시의 모든 독일군들이 그랬듯 어떻게든 서쪽으로 이동해 미군이나 영국군에 항복하는 것만이 유일한 희망이었다.

왈로니아 사단은 1945년 2월에서 3월까지 동부 독일의 오데르강과 슈테틴 일대에서 소련군과 사투를 벌였다. 전투 손실로 사단 병력은 600명 수준까지 줄었고 4월 20일에 소련군과 마지막 전투를 벌인 후 드그렐은 병사들에게 영국군이 있는 뤼베크로 후퇴하도록 명령했다. 왈로니아 사단은 그곳에서 영국군에 항복해 최후를 맞이하게 된다. 하지만 드그렐은 계속 연합군을 피해 북쪽으로 향했다.

드그렐은 소수의 부하와 함께 차를 타고 5월 1일 북부 독일의 칼크호르스트에 도착했다. 이때 연합군과 별도의 강화를 맺으려는 친위대 수장 하인리히 힘러와 합류했는데 그와 함께 히틀러의 후계자가 된 카를 되니츠 제독을 만나기 위해 플렌스부르크로 향했다. 하지만 이동 과정에서 힘러와 떨어지게 되었고, 향후 이동로를 고민하던 중 5월 3일에 덴마크의 코펜하겐으로 들어갔다. 드그렐은 이곳에서 배 한 척을 얻어 타고 아직은 독일군 수중에 있던 노르웨이의 오슬로로 향했다.

5월 7일까지 오슬로에 머문 그는 남은 시간이 많지 않음을 직감했다. 바로 오슬로 내 공군 비행장으로 이동해서 수송기로 개조된 쌍발 He-111 한 대를 징발해 기수를 남쪽으로 향했다. 그의 목적지는 같은 파시스트인 프랑코가 지배하는 스페인이었다. 비행해야 하는 거리가 이 기종의 최대 항속거리를 넘어설 뿐만 아니라, 연합군 지역인 프랑스를 한참이나 지나야 하는 모험이었다. 무게를 최대한 줄이고 저공비행으로 이동하던 그의 비행기는 연료가 바닥나기 직전 스페인 북부 비스케이만의 산세바스티안 해안에 불시착했다.

가까스로 살아남은 그와 일행은 이후 스페인 당국의 감시 속에 지냈는데 연합군 측은 집요하게 그의 송환을 요구했다. 하지만 스페인 당국은 비시 정부의 총리였던 피에르 라발을 돌려보낸 이후(라발은 송환 3개월 후 프랑스에서 반역죄로 사형당했다) 누구도 돌려보내지 않겠다고 선언했으며 이를 드그렐의 인권에 대한 문제라고 주장했다. 드그렐은 이미 1944년 12월에 열린 벨기에 법정의 궐석 재판에서 사형을 언

1945년 5월 스페인 산세바스티안 해안에 불시착한 드그렐의 비행기.

도받은 바 있었다.

　벨기에 정부와 스페인 정부가 드그렐의 송환을 두고 신경전을 벌이는 가운데 1947년 8월 스페인 정부는 그가 억류 중 병원에서 사라졌으며 그의 행방을 알 수 없다고 발표했다. 누구나 짐작할 수 있다시피 그는 스페인 당국의 비호 아래 지중해의 항구도시인 말라가에서 숨어 지내고 있었다. 그리고 1954년에는 한 스페인 여성의 양자로 입적되어 '레온 호세 데 라미레즈 레이나(Léon José de Ramirez Reina)'라는 이름으로 스페인 시민권을 갖게 되었다. 이후에도 몇 차례나 그의 송환 관련 얘기가 불거졌지만 유야무야되었고 그는 더 이상 숨지 않았다.

　이후 드그렐은 스페인 내 우익 및 과거 참전군인들의 도움을 통해 건설업을 할 수 있었으며 많은 돈을 벌었다. 그의 건설사는 승승장구했는데 스페인 내 미군 비행장을 건설하기도 했다. 이후 드그렐은 각종 파시스트 모임에 적극적으로 참석하기 시작했고, 심지어는 나치 친위대 정복에 훈장을 달고 등장하기도 했다. 또한 과거 히틀러의 최정예 특수 부대 출신인 오토 슈코르체니와 만나는 모습이 포착되기도 했다.

1975년 프랑코 총통의 죽음 후에 스페인에 민주주의 정부가 들어섰지만 그는 여전히 송환되지 않았다. 오히려 1983년에는 벨기에 당국이 사회 혼란을 우려하여 그의 귀환을 금지하는 결정을 내렸다. 하지만 이렇게 심판받지 않고 편안히 삶을 마감할 것만 같던 그가 대중에게 다시 한번 각인되는 사건이 발생한다.

'홀로코스트 재판' 그리고 최후

1985년 7월 스페인의 주간지인 《엘 티엠포(El Tiempo)》는 나치에 의한 유대인 학살을 부정하는 드그렐의 인터뷰를 실었다. 드그렐은 600만 이상의 유대인이 학살되었다는 주장은 조작 또는 과장되었으며 강제수용소에 있었다는 가스실은 허구라고 주장했다. 해당 기사는 스페인 및 유럽을 발칵 뒤집어 놓으며 대중의 엄청난 분노를 야기했다.

스페인 내 유대인 사회는 이러한 상황을 좌시하지 않았고 변호사를 고용해서 대응에 나섰다. 이들은 아우슈비츠 강제수용소의 생존자로 당시 스페인에 거주하고 있던 비올레타 프리드만(Violeta Friedman, 1930~2000)을 전면에 내세웠다. 프리드만은 루마니아 트란실바니아 지

친위대 정복을 입고
렉스당을 상징하는
부르고뉴 십자가 깃발
앞에 서 있는
말년의 드그렐.

방 출신의 유대인으로 14세의 나이에 아우슈비츠에 끌려갔으며 대부분의 가족이 그곳에서 살해당하는 끔찍한 경험을 했다. 과거의 악몽을 피해 이주한 스페인에서 생각지도 못한 상황을 접하게 된 그녀는 드그렐의 주장을 도저히 묵과할 수 없었고 재판을 신청했다.

그녀의 변론을 맡은 변호인단은 고민에 빠졌다. 당시의 스페인법상 그의 표현을 제재할 방법이 보이지 않았던 것이다. 초기 재판 과정도 드그렐에게 유리하게 흘러갔는데, 판사들은 표현의 자유를 이유로 그의 발언이 특별히 죄가 되지 않는다고 판단했다. 하지만 시간이 흐른 1991년에 스페인 헌법재판소는 드그렐의 발언이 헌법에서 보장

3장 극단적 신념의 추종자

하는 표현의 자유에 포함되지 않으며 유대인 및 홀로코스트 희생자들 전체를 모독했다고 판결했다. 이 판결은 홀로코스트라는 역사적 사실을 부인하는 네오나치 및 극우주의자들에게 경종을 울리는 이정표가 되었다.

6년간의 힘겨운 재판은 종료되었지만 드그렐은 그저 벌금형을 선고받았을 뿐이었다. 그는 이전과 마찬가지로 친나치 활동을 계속하고 스페인의 네오나치 단체들과 지속적인 관계를 유지했다. 드그렐은 1994년 4월에 심장마비로 사망했는데 프랑스의 극우 정당인 국민전선의 장-마리 르펜을 비롯한 유럽의 많은 극우 세력들이 그를 애도했다. 그는 결국 처벌받지 않았다.

가톨릭 신앙에는 열심이었지만 홀로코스트를 끝까지 부정하고, 진짜 학살은 미국의 히로시마-나가사키 원자폭탄 투하라고 주장했던 사람은 그렇게 사라졌다. 하지만 아직까지도 유럽 곳곳에 '드그렐의 유령'이 배회하고 있으며 여전히 그와 생각을 같이하는 추종자들이 상당수 존재한다. 아마도 이런 이들은 영원히 사라지지 않을 것이다. 물론 그 반대편에 선 사람들도 마찬가지다.

4장

이기적인 배신자

본인의 개인적인 안전과 이득을 위해
변절하고, 다른 이들에게 해를 끼친
이들이다. 이들에게도 나름의 상황과
배경이 있지만, 결국 이기적인 동기로
민족 혹은 국민들을 배신했다는 점에서
더욱 비난을 받는 부류이다.

카렐 추르다

체코의 군인

갈레아초 치아노

이탈리아의 정치가, 외교관

하임 룸코프스키

유대인 게토의 대표

저항의 투사에서
추악한 변절자로

카렐 추르다

체코의 수도 프라하는 '백(百) 탑의 도시'로 불릴 정도로 역사적인 건축물들이 많고, 수려한 경관을 자랑한다. 프라하 구시가지에서 광장과 화약탑을 지나 카를루프 다리를 건너는 여정은 마치 시간을 거슬러 중세로 온 듯한 착각을 불러일으킬 정도로 옛 모습을 잘 간직하고 있다. 여기서 계속 걸어가면 멀리 프라하 성과 비투스 성당이 보이는데 가까이서 보면 그 웅장한 모습에 압도되고 만다. 도시의 모든 건축물들은 정교하게 제작된 다양한 조각상으로 장식되어 있는데 이러한 모습들을 통해 프라하는 유럽 중에서도 가장 고풍스러운 도시로 자리매김하고 있다.

하지만 이러한 경관 속에서도 건물 일부분에 총탄 자국이 무성한, 다소 의아해 보이는 곳도 있다. 바로 카를루프 다리 인근에 있는 '성 키릴과 성 메토디우스 성당'이다. 프라하는 2차 대전의 전화 속에서도 큰 피해를 입지 않았기에 18세기에 지어진 이 바로크 양식의 성당에 있는 총탄 자국은 의아함을 자아낸다. 사실 이곳은 체코인들에게는 성지와 같은 곳으로 매일 수많은 사람들이 꽃다발을 바치고 경의를 표하는 곳이다. 이 성당이 성지가 된 사건은 지금 설명하려는 인물과 관계가 깊으며 이는 체코 역사상 가장 비극적인 장면이기도 하다.

국가의 해체

히틀러는 1933년 1월 집권한 후 조금씩 자신의 야망을 드러내기 시작했다. 우선 1935년에는 재무장을 금지했던 베르사유 조약을 파기하며 본격적인 재군비에 들어갔으며 1936년 3월에는 라인강 서안의 독일 땅인 라인란트에 군대를 진주시켜 로카르노 조약을 휴지 조각으로 만들었다. 또한 2년 후인 1938년 3월에는 같은 독일어를 쓰는 게르만 민족의 국가인 오스트리아를 합병하며 대외 확장에 대한 야욕을 본격적으로 드러내기 시작한다.

이러한 상황에서 독일 동남쪽 지역에 위치한 체코슬로바키아 주데텐 지방의 300만 독일인들이 동요하기 시작했다. 체코슬로바키아는 1차 대전 후 옛 오스트리아-헝가리 제국의 영토를 분할하여 만든 신생 공화국으로 체코인과 슬로바키아인이 다수였지만 독일인, 루테니아인, 폴란드인, 우크라이나인 등 다양한 민족들도 함께 뒤엉켜 살고 있었다. 특히 독일계 주민들은 1938년 5월 이후 나치의 은밀한 지원을 뒤에 업고 자신들을 독일에 귀속시키라며 격렬히 저항했는데 이에 위기가 고조되기 시작했고, 히틀러는 군부에 체코슬로바키아 침공 작전 수립을 지시했다.

체코슬로바키아 정부는 독일의 침공에 대한 대비책으로 독일 국경 지대에 프랑스의 마지노선에 버금가는 강력한 요새를 건설하였고 서류상으로는 나름 최신 장비를 갖춘 80만 병력을 동원할 수 있었다. 더불어 당대 최강 육군국인 프랑스와 상호방위조약을 맺어 독일의 침공 시 지원해 줄 든든한 우방도 가지고 있었다. 하지만 당시 프랑스는 영국의 도움 없이는 독일에 전쟁을 일으킬 엄두를 내지 못했고, 영국 역시 1차 대전의 막심한 인명 손실의 공포에서 아직 벗어나지 못한 탓에 섣불리 독일과 전쟁을 할 결심을 하지 못하고 있었다.

시간이 흘러 9월이 되자 당장 전쟁이 나도 전혀 이상하지 않을 정도로 상황이 악화되었고 각국은 예비군 동원을 검토하기 시작했다. 이러한 위기를 평화적으로 해결하고자 유럽의 주요 강국들과 당사국인 체코슬로바키아가 모여 9월 28일 뮌헨 회담이 열렸다.

뮌헨 회담의 약정서를 흔드는 영국의 체임벌린 총리.

　뮌헨에 모인 독일, 영국, 프랑스, 이탈리아까지 유럽 4대 강국은 체
코슬로바키아의 운명에 대해 협의하기 시작했다. 그들이 내린 결론
은 어이없게도 당사국인 체코슬로바키아의 영토를 주변국에 할양하
는 것이었다. 비록 체코슬로바키아의 주권은 유지한다고 했지만 국
경 지대의 방어시설을 잃어버린 이상 외국의 침략에 속수무책일 것
은 너무나도 분명했다. 결국 체코슬로바키아의 영토 중 주데텐 지방
은 독일에, 중북부의 테센 지방은 폴란드에, 코시체 등 남부는 헝가리
에 할양되었으며 슬로바키아는 1939년 3월에 독립국임을 선포했다.
마지막으로 남은 보헤미아와 모라비아는 독일의 직할 보호령이 되었

고, 지구상에서 체코라는 나라는 사라져 버렸다.

영국 총리 네빌 체임벌린(Neville Chamberlain, 1869~1940)은 뮌헨 회담 직후 런던에 돌아와 약정서를 보이며 "우리 시대의 평화가 여기에 있다"라며 자랑스럽게 이야기했다. 하지만 그 약정서가 히틀러의 폴란드 침공으로 휴지조각이 되는 데는 채 1년도 걸리지 않았다.

체코슬로바키아 망명정부 수립과 카렐 추르다

체코슬로바키아가 해체되기 직전 대통령이었던 에드바르트 베네시(Edvard Beneš, 1884~1948)는 뮌헨 회담 이후 자리에서 물러났고, 미국을 거쳐 1939년 7월 무렵 프랑스 파리에 거처를 두었다. 그는 이곳에서 체코슬로바키아 출신 망명자들을 규합하여 '체코슬로바키아 국가해방위원회'를 조직했다. 불과 두 달 후 독일이 폴란드를 침공하고 전쟁이 공식화되자 베네시는 자신의 위원회를 체코슬로바키아 망명정부로 격상하고 체코슬로바키아의 유일한 합법 정부로서 영국, 프랑스 등 주요국들의 공인을 받게 된다.

체코슬로바키아 망명정부에는 망명한 체코슬로바키아인들로 구성된 군대도 있었는데 대부분이 과거 체코슬로바키아군 출신이었고 독일의 점령을 피해 주변국으로 도망친 후 결국 프랑스까지 오게 된 사람들이었다. 체코슬로바키아 군인들은 연합군의 일원으로 프랑스 전투에 참가했으며 프랑스 항복 이후 대부분 영국으로 이동하게 된다.

이러한 이들 중에는 우리가 살펴보고자 하는 카렐 추르다도 있었다. 그는 1911년 체코 남부의 스타라 흘리나에서 농부의 아들로 태어났다. 추르다는 평범한 농촌 대가족의 일원으로 초등교육을 마친

　　　　　　　　　4장 이기적인 배신자

체코슬로바키아 대통령
에드바르트 베네시
(1942년).

후 잠시 벽돌공으로 일했고 1933년에 체코슬로바키아군에 입대했
다. 제29보병연대에 배속받은 그는 착실히 진급했지만 1938년 이후
체코슬로바키아군이 해체되자 폴란드를 거쳐 프랑스로 건너갔고, 전
쟁 발발 직전인 1939년 8월에 알제리에 있는 프랑스 외인부대 제1연
대에서 근무했다. 이후 프랑스 내 체코슬로바키아군에 합류한 그는
이곳에서 독일과의 투쟁을 이어나갔다. 프랑스 항복 이후 극적으로

영국 항공전 당시 허리케인 전투기 앞에서 포즈를 취한 체코슬로바키아 파일럿들.

영국에 도착한 그는 체코슬로바이카군 소속으로 계속 복무했는데, 1941년 9월에는 스코틀랜드 아크나케리에서 영국군 특수전 과정을 이수했으며 낙하산 교육도 받았다.

　이후 그는 체코 본토에서 사보타지를 전개할 요원으로 선발되어 '아웃 디스턴스' 작전에 투입되었는데, 요원들의 임무는 프라하의 프라하-미흘레 가스정유소 등 사회기반시설과 독일군의 핵심 군수시설인 스코다 공장으로 폭격을 유도하고 현지 저항세력에게 무전기를 전달하는 것이었다. 추르다는 1942년 3월에 영국군의 핼리팩스 폭격기로 다른 두 명의 동료들과 함께 강하하여 4년 만에 조국인 체코로 돌아오게 된다.

유인원 작전

추르다가 체코로 다시 돌아왔을 즈음 체코슬로바키아 망명정부는 또 다른 중요한 계획을 진행시키고 있었다. 독일이 소련을 침공한 1941년 6월 이후 많은 이들이 소련의 붕괴가 시간문제라고 생각하고 있었다. 이 와중에 점령된 체코는 국제적으로 이름난 스코다 중공업을 통해 독일군에 전차 및 트럭을 대량으로 공급하고 있었다. 특히 스코다에서 생산된 38(t)형 전차는 당시 독일군이 보유한 대부분의 전차보다 우수했고 독일군 침공의 선두에 있었다. 영국 측은 체코슬로바키아 망명정부가 전쟁 수행에 더욱 많은 역할을 하도록 압박하였는데 북아프리카 전선에 체코슬로바키아군을 파견하는 것 이상의 '무엇인가'가 요구되었다.

이러한 상황에서 베네시 대통령은 영국 측의 요구도 만족시키면서 국제적으로 체코인들이 더 이상 독일 측의 고분고분한 노예가 아니라는 강력한 메시지를 전달할 수 있는 방안을 강구하게 된다. 그것은 바로 요인 암살이었는데 최종적으로 선정된 대상은 당시 보헤미아-모라비아 보호령의 최고 실권자이자 '프라하의 도살자'로 불리던 라인하르트 하이드리히(Reinhard Heydrich, 1904~1942)였다.

하이드리히는 금발에 장신으로 과거 해군 정보장교로 근무했고 당시에는 나치 친위대 소속으로 체코를 최대한 수탈하면서 독일의 전쟁 수행에 지대한 역할을 하고 있었다. 그는 강온 양면책을 적절히 활용하여 체코인들을 통치하였는데 저항하는 체코인들은 강력하게 탄압하는 동시에 임금 인상 등을 통해 공장의 태업을 막으면서 생산량을 최대한 끌어올리는 수완을 발휘했다.

더불어 그는 나치 친위대 내 최고위 인사 중 한 명이었다. 런던의

1940년의
라인하르트 하이드리히.

체코슬로바키아 망명정부에게 자국민을 탄압하고 분열시키고 있을
뿐만 아니라 높은 대외적 인지도를 가진 하이드리히만큼 적합한 암
살 대상은 없었다. 더구나 그는 독일 점령지 내 유대인의 '최종적 해
결', 즉 학살에 깊숙이 관여하고 있는 위험한 인물이었는데 나치의 유
대인 절멸을 공식화한 1942년 1월의 베를린 반제 회의를 주재한 것
이 바로 하이드리히였다.

하이드리히를 암살하기 위해 우여곡절 끝에 두 명의 정예 요원이
선발되었다. 이들은 체코 출신의 얀 쿠비스(Jan Kubiš, 1913~1942)와 슬로

4장 이기적인 배신자

얀 쿠비스(왼쪽)와 요제프 가브치크(오른쪽)

바키아 출신의 요제프 가브치크(Jozef Gabčík, 1912~1942)였다. 이들이 선발된 데에는 슬로바키아 역시 체코와 함께 투쟁을 한다는 정치적 메시지도 담겨 있었다. 1941년 12월 28일 이들은 다른 일곱 명의 요원들과 함께 프라하 동쪽 네흐비즈디의 숲에 낙하했는데 이곳은 원래 강하 예정지인 플젠과는 상당히 떨어진 곳이었다. 요원들은 현지 저항세력과 접촉하여 프라하로 잠입했고, 추르다가 속한 아웃 디스턴스 작전의 요원들과 접촉하여 하이드리히의 암살 계획을 구상했다.

멤버들은 하이드리히의 일일 동선과 경호 상태 등을 분석하였고, 하이드리히가 그의 집에서 프라하 성의 집무실로 가는 도중에 있는 급커브 도로가 암살을 실행하기에 최적인 곳이라고 결론 내렸다. 전

1942년 5월 암살 현장에 남겨진 하이드리히의 전용차.

차 정류장이 가까이 있는 이곳에서 하이드리히의 차는 속도를 줄일 것으로 예상되었고, 쿠비스와 가브치크는 바로 이때 공격하기로 계획을 세웠다.

　그러던 중 하이드리히가 곧 프랑스로 부임지를 옮긴다는 첩보가 입수되었다. 이들에겐 더 이상 지체할 시간이 없었다. 1942년 5월 27일을 거사일로 잡은 쿠비스와 가브치크는 다른 요원들과 함께 무기를 숨기고 암살 장소인 프라하 북부의 8구 불로브카 병원 앞 벤치에 앉아 하이드리히의 차가 오기를 기다렸다.

　오전 10시 반에 그의 메르세데스 오픈카가 들어오기 시작했고, 가브치크가 코트에 숨겼던 스텐 기관단총을 발사했지만 스텐 기관단총

특유의 악명 높은 총알 걸림 현상이 나타나 총이 발사되지 않았다. 당황한 가브치크는 도망가기 시작했고 하이드리히는 운전기사에게 그를 쫓도록 명령했다. 그 직후 인근에 있던 쿠비스가 폭발물을 던졌는데 하이드리히의 차량 우측 뒷바퀴에서 폭발했다. 쿠비스는 작전이 실패했을 거라 생각하고 자전거를 타고 도망갔고 폭발로 충격을 받은 하이드리히는 병원으로 이송되었다. 거사는 실패한 듯 보였다.

리디체의 비극 그리고 배신

사건 당일 오후에 프라하에는 비상사태가 선포되었고, 즉시 대대적인 검문이 이루어졌다. 쿠비스와 가브치크는 저항운동원인 모라베츠 가족의 집에 무사히 도착해 사태의 추이를 지켜보고 있었다. 하이드리히의 암살 시도 소식에 히틀러는 광분했고 엄청난 규모의 복수를 지시했다. 독일 측은 사건의 배후나 관련한 정보를 주는 사람에게 10만 크로네라는 막대한 배상금을 걸었다.

한편 부상당한 하이드리히는 근처에 있던 화물차로 병원에 옮겨졌는데 이송 과정에서 병균에 감염되고 말았다. 결국 친위대 의사들의 집중 치료에도 불구하고 그는 사건 일주일 만인 6월 4일에 패혈증으로 사망하였다. 그의 죽음 이후에도 암살자들에 대한 특별한 단서는 나오지 않았다. 하이드리히 사망 이후 나치의 추적은 대단히 집요했는데 체코 전역에서 3만 가구 이상의 집들이 수색을 당했고 최종적으로 1만 3000명 이상의 사람들이 체포되었다.

한편, 추르다는 이 당시 체코 중부 콜린에 있는 누이의 집에 머물렀는데 사태가 심상치 않음을 알고 동료들과 만나기 위해 프라하로 잠입하게 된다. 하지만 프라하에서 그를 숨겨주었던 저항운동원의 가족조차도 너무나도 위험해진 상황에 그의 체류를 거부했고, 그는 어머니가 있는 고향의 집으로 가서 다락방에 몰래 숨게 된다.

이 와중에 나치는 역사에 길이 남을 악행을 자행한다. 바로 체코 서부에 있는 리디체 마을을 문자 그대로 지구상에서 소멸시켜 버린 것이다. 리디체는 목가적이고 평화로운 전형적인 농촌 마을이었는데 게슈타포가 이 마을 사람들이 하이드리히를 암살한 자들을 숨겨줬다는 거짓 정보를 입수하면서 즉각적인 보복 작전의 대상이 되었다.

하이드리히가 사망한 지 일주일 된 6월 10일에 이 마을의 모든 주민들이 단체로 끌려 나왔고, 친위대는 히틀러의 명령을 무자비하게 이행했다. 500여 명의 주민들 중 남자들은 한 명의 예외도 없이 총살당했고 여자들은 독일의 라벤스브뤼크 강제수용소로 보내졌으며 105명의 어린 아이들은 폴란드의 강제수용소로 이송되었다. 나치의 기준에 인종적으로 적합하다고 판단된 소수의 아이들만이 독일 가정에 입양되어 전후까지 살아남았다. 이 마을 출신 남자들 중 전후까지 생존한 사람은 단 세 명이라고 전하는데 그중 두 명은 조국을 탈출해 영국군과 함께 싸우던 군인들이었고 나머지 한 명은 아이러니하게도 살인죄로 복역 중인 주민이었다. 나치는 마을의 주민들을 학살한 이후 리디체를 통째로 밀어버리고 모든 공공 기록에서 지워버렸다.

리디체의 비극적인 소식은 전 세계 사람들을 충격에 빠뜨렸는데 특히 영국과 미국의 많은 사람들이 분개했고 미국 일리노이주의 한 마을은 이를 기리기 위해 마을 이름을 리디체로 개명했다. 전후 리디체 마을은 다시 복구되었는데 오늘날까지도 나치 학살의 증거이자, 동시에 불사조처럼 부활한 저항의 상징으로 기억되고 있다.

지금의 체코 리디체에 서 있는 학살 추모 동상.

한편, 리디체의 비극은 체코 전역에 엄청난 공포로 다가왔다. 이러한 학살이 스스로에게 아무런 잘못이 없을지라도 나치에 의해 아무 때라도 체포되고 죽을 수도 있다는 협박의 메시지로 간주된 것이다. 하물며 특수 요원으로서 암살 사건에 개입한 추르다는 말할 것도 없었다. 그는 리디체 사건 이후 자신은 물론 가족들도 다 죽을 수 있다는 엄청난 심리적 압박에 짓눌리게 되었다.

그 와중에 어머니의 반복되는 요청에 굴복한 추르다는 체코 경찰에게 암살범이 누구인지를 밝히고 더 이상의 무고한 학살을 중지하라는 익명의 편지를 썼다. 그는 이 편지에서 암살의 핵심 요원인 가브치크와 쿠비스의 이름을 밝혔는데, 다행히도 이 편지를 받은 사람은 체코의 애국자였고 그는 이 편지를 고의로 무시했다.

이후 추르다는 6월 16일에 프라하로 이동하여 요원들과 접선을 해보려고 시도했지만 이들의 거처는 모두 폐쇄된 상황이었다. 이틀 후인 6월 18일까지가 게슈타포가 제시한 자진 신고 및 사면 기간이었고 추르다는 6월 16일 정오 무렵 프라하의 게슈타포 본부인 페체크 궁에 가서 자수하였다. 심문을 받을 때 그는 말을 심하게 떨면서 두려워했으나 가브치크가 암살 현장에 남기고 간 가방을 보고 그 안에 어떤 무기가 있는지 상세히 설명할 수 있었다. 게슈타포는 이러한 과정을 통해 그를 믿게 되었고 추르다는 이렇게 배신자가 되었다.

새벽의 7인

추르다는 게슈타포의 심문을 통해 그가 알고 있는 요원 및 저항운동원들에 대한 정보를 모두 누설했다. 독일 당국은 확보한 정보를 통해 요원들에게 거처를 제공한 모라베츠 일가의 집을 습격했고, 부부 및 아들 등 일가족 세 명이 현장에서 체포되었다. 최후를 직감한 모라베츠 부인은 기지를 발휘하여 화장실에 간다는 핑계를 댔고, 화장실에서 바로 독약 앰플로 자살했다.

게슈타포 심문실로 끌려간 모라베츠 부자는 매우 혹독한 고문을 당하게 된다. 바이올린을 연주했던 21살의 아들은 망치로 손을 가격당하는 고문을 당하면서도 끝까지 버티고 있었다. 하지만 게슈타포가 죽은 모친의 머리를 자른 후 상자에 담아 보여주자 간신히 버티고 있던 그도 무너지게 된다. 가브치크와 쿠비스에게 물품을 전달해 주며 연락책 역할을 하던 그는 마침내 요원들이 은거하고 있던 성 키릴과 성 메토디우스 성당에 대해 자백하게 된다. 은거하던 요원들에게

총탄 자국이 가득한
성 키릴과 성 메토디우스
성당의 지하실 환기구.

운명의 시간이 다가오고 있었다.

6월 18일 새벽 독일군은 블타바강 옆에 위치한 성 키릴과 성 메토
디우스 성당을 대규모로 포위하였다. 성당 안에는 일곱 명의 요원들
이 있었고 독일군은 이들을 생포하려 시도했다. 하지만 독일군의 대
규모 움직임을 발견한 요원들은 발포하였고, 이후 6시간에 걸친 전투
가 시작되었다. 추르다는 독일군 편에 서서 마이크로 이들에게 항복
을 권유했지만 일곱 명의 요원 중 어느 누구도 굴복하지 않았다. 독일
군의 맹렬한 기관총탄 세례 속에 스텐 기관단총과 권총만으로 버티

던 이들은 한 명 한 명 죽음을 맞이하게 되었다.

점차 실탄이 떨어져 가는 가운데 최후의 보루인 지하실에서 독일
군이 사다리를 환기구를 통해 밖으로 끌어내자 더 이상 밖을 볼 수 없
게 되었고, 독일군은 환기구에 소방 호스를 집어넣어 물을 부었다. 지
하실에 차오르는 물을 보며 최후를 직감한 남은 요원들은 모두 자살
하고 만다. 조국을 해방하겠다는 강력한 신념을 가진 이들답게, 영웅
적인 최후를 맞은 것이다.

배신자의 말로

추르다는 전투 후 요원들의 시신을 점검하고 이들의 신원을 독일
군에 확인해 주었다. 이것이 끝이 아니었다. 추르다의 밀고를 통해 점
조직으로 운영되던 체코 내 저항세력의 상당수가 노출되었고 잡힌
이들은 대부분 처형되었다. 암살의 주인공인 가브치크와 쿠비스의
가족 및 친척들도 오스트리아의 마우트하우젠 강제수용소에 끌려가
살해당하게 된다. 또한 저항운동 내에서도 또 다른 배신자가 나와 독
일 측의 이중 스파이가 되기도 했다. 한마디로 그의 배신 때문에 체코
의 저항운동은 그 근본이 흔들리게 되었다.

한편 추르다는 독일군에 협력한 대가로 50만 라이히스마르크라는
거금을 받고, 게슈타포의 정보원으로서 본격적인 배신자의 길을 걷
게 된다. 이후 그는 '카를 예르호트(Karl Jerhot)'라는 독일 이름을 얻고
독일 시민권을 취득했는데 종국에는 독일인 여성과 결혼까지 하였
다. 그는 독일의 최종적인 승리를 믿었고, 전후에는 독일이 선전하는
것처럼 소련 정복 후에 세워질 동방 식민지에 영주하여 농토를 개척

할 꿈을 가지고 있었다 한다.

하지만 역사의 수레바퀴는 그의 뜻대로 흘러가지 않았다. 독일군은 1943년 중반 이후 수세에 몰렸고, 1944년 후반이 되자 패색이 짙어졌다. 1945년 5월, 전쟁의 막바지에 그는 미군에게 투항할 목적으로 서쪽으로 이동하나 플젠 인근에서 저항운동원들에게 체포되고 말았다. 이 당시만 해도 그의 정확한 정체를 모르던 사람들은 그를 별다른 의심 없이 가볍게 훈방했으나 이후 다른 저항운동원들에게 신분이 밝혀져 다시 체포되었다.

그는 중대한 반역자로서 프라하의 판크라츠 형무소에 수감되었고 재판 과정에서 "왜 요원들을 배신했는가?"라는 질문에 "당신도 거금을 받는다면 똑같이 했을 것이다"라는 어이없는 답변으로 재판에 참여한 모든 사람들의 공분을 자아냈다. 그의 죄는 너무나 명백하여 이후 재판에서 사형이 선고되었고, 1947년 4월 29일 형이 집행되어 배신에 대한 죗값을 치르게 되었다. 처음에는 조국을 구하기 위해 온갖 고생을 무릅쓰고 투쟁을 하였으나 결국 배신으로 삶을 마감한 그의 일생을 보며 "어떻게 살 것인가?"라는 근원적 물음에 대해 다시 한번 생각해 보게 된다.

권력의 정점에서 추락한
비운의 황태자

갈레아초 치아노

GALEAZZO CIANO
(1903~1944)
이탈리아의 정치가, 외교관

이탈리아의 북동부에 위치한 베로나는 인근의 많은 이탈리아 도시들이 그러하듯이 로마시대와 중세시대, 르네상스시대를 아우르는 다양한 문화유산과 예술품으로 가득한 곳이다. 셰익스피어의 대표작인 〈로미오와 줄리엣〉의 배경이 된 이 낭만적인 도시는 로마 때 세워진 원형 경기장을 중심으로 고풍스럽고 화려한 광장, 성당 및 건물들이 조화롭게 어우러져 있다.

　한편 원형 경기장 인근에는 장식이 많은 주변 건물들과 대비되는 남성적이고 강인해 보이는 성 하나가 우뚝 서 있다. 이 성의 이름은 '카스텔 베키오'인데 베로나를 관통하는 아디제강 옆에 위풍당당하게 세워져 있다. 카스텔 베키오는 중세시대에 만들어진 요새인데 강변에 위치한 다리와 연결되어 있어 방어 및 출입 통제가 용이한 구조이다.

　지금은 다양한 소장품을 전시하는 박물관으로 개조되어 평화롭게 관광객들을 맞이하고 있지만 1944년 1월의 이곳에선 재판이, 실상은 피비린내 나는 복수극이 벌어지고 있었다. 복수극의 감독은 1943년 9월 연합군에 대한 이탈리아의 항복과 동시에 권좌에서 쫓겨났지만 재기를 노리고 있던 '두체(Duce, 이탈리아어로 '지도자'라는 뜻)', 즉 베니토 무솔리니였다. 복수의 대상은 무솔리니를 권력에서 쫓아낸 총 19명의 인물들이었는데 모두 파시스트 정치인과 군인들이라는 공통점이 있었다.

　최종적으로 18명이 반역죄로 사형을 구형받았고(그중 13명은 궐석판결) 1월 11일에 구금 상태이던 5명에 대해 총살형이 집행되었다. 이들은 반역자임을 나타내기 위해 등을 보인 자세로 앉아 총살을 당했는데, 그중 한 명의 이름이 대중에게 공개되었을 때 이탈리아 국민들은 정치 성향을 떠나서 경악할 수밖에 없었다. 그의 이름은 바로 '갈레아초 치아노'로, 이탈리아의 전 외무장관이자 독재자 무솔리니의 사위였던 것이다.

이탈리아의 황태자

갈레아초 치아노는 1903년 이탈리아 북서부 토스카나 지방의 항구도시 리보르노에서 태어났다. 리보르노는 고대로부터 무역항이었고, 이탈리아 해군사관학교가 위치할 정도의 군사적으로 중요한 곳으로 사람들의 성향이 개방적이고 진취적인 도시이다. 그의 아버지인 콘스탄초 치아노(Costanzo Ciano, 1876~1939)는 리보르노 출신의 강인한 사내답게 해군 장교로서 1차 대전에 참전했는데 작은 어뢰정을 몰고 크로아티아(당시는 오스트리아-헝가리 제국의 영토였다)의 군항을 공격하는 대담한 작전을 통해 일약 국가적인 전쟁 영웅이 되었다. 콘스탄초 치아노는 무공을 통해 다양한 훈장을 받았는데 종전 후에는 자동차 회사 피아트(FIAT)의 설립자인 아넬리 가문의 해운 회사를 관리하게 되었다.

1차 대전 후 이탈리아 역시 대부분의 유럽 국가들과 마찬가지로 좌우의 대립이 격화되고 있었다. 콘스탄초 치아노는 군 출신이자 민족주의와 우익 이념의 지지자로서 1921년에 무솔리니가 만든 파시스트 전투단의 간부가 되었다. 그는 고향인 리보르노에서 사회주의 성향의 시장을 강압적으로 몰아내는 데 일조했다. 또한 무솔리니가 권력을 쟁취한 1922년 10월 28일의 '로마 진군'에서 19세의 대학생 아들 갈레아초를 데리고 함께 참가하게 된다. 전쟁 영웅으로서 '두체'의 권력 획득에 일조한 콘스탄초는 즉시 해군 차관보로 영전했고 이후 끝없이 비상하게 된다.

콘스탄초는 여러 차례 의원에 당선되었으며 1924년에는 체신교통부 장관의 자리에 올랐다. 그의 재임 기간 중 이탈리아는 라디오 방송을 본격적으로 시작했고 무솔리니의 과장되지만 호소력 있는 목소리가 이탈리아 전국에 울려 퍼지게 된다. '아버지 치아노'에게 있어 그 명예의 정점은 1928년에 국왕인 비토리오 에마누엘레 3세로부터 백작의 작위를 받은 것이었는데, 이로서 그는 자신만의 일가를 구축하였다.

어린 갈레아초 치아노는 이런 유명하고 힘 있는 아버지를 둔 덕분에 대단히 유복한 환경에서 성장하게 되었다. 그는 로마 사피엔차 대학에서 법철학을 공부했는데 그다지 정치에 관심이 있는 학생은 아니었지만 아버지의 영향 때문이었는지 우익 학생 모임에 가입하였다. 더불어 문학에도 많은 관심을 보여 여러 소설과 희곡 작품들을 쓰기도 했고 잠시 기자로 활동을 하기도 했다. 치아노는 이후 외무부에 들어갔는데, 당시 브라질의 수도였던 리우 데 자네이루에서 첫 주재 근무를 하며 본격적인 외교관 생활을 시작했다.

1929년에 로마에 머물던 치아노는 고집 세고 자유분방한 한 여성을 만나게 된다. 그녀는 에다 무솔리니(Edda Mussolini, 1910~1995)로, 모두가 두려워하던 두체의 장녀였다. 둘은 곧 사랑에 빠졌고 1930년 4월 무렵 4000여 하객의 축하를 받으며 성대히 결혼하게 된다. 둘의 결혼식은 바티칸의 성 베드로 성당에서 열렸는데 당시 이탈리아 사회에서 엄청난 화제가 되었다. 이 결혼을 통해 리보르노 출신의 '부잣집 도련님'은 누구나 인정하는 '이탈리아의 황태자'로 등극했다. 더불

1930년 4월
결혼식을 올린
치아노와
에다 무솔리니.

어 든든한 장인을 통해 치아노는 황태자에 어울리는 초고속 출세의
기반을 마련했다.

거침없는 상승

결혼 이후 머나먼 중국의 상하이에서 그의 본격적인 공직 생활이
시작되었다. 치아노는 1932년 5월 29세의 나이로 중국 상하이 주재
이탈리아 영사로 발령받았다. 당시의 상하이는 중국 땅이지만 사실
상의 치외법권 지역이나 다름없었고 상당히 국제적인 도시였다. 영
국, 프랑스, 미국, 이탈리아 등의 조계지에 많은 외국 거류민들과 사

4장 이기적인 배신자

업가들, 선교사들이 가득했다. 러시아 혁명 이후 소련 공산주의 정권을 피해 도망 온 망명 러시아인들도 비참한 가난 속에 망국의 한을 달래고 있었다.

치아노가 부임했을 때에는 1932년 1월에 발생한 상하이 사변 직후여서 혼란이 고조되고 있었는데 그는 도착하자마자 중립국 중재인 자격으로 중국과 일본 간의 정전협정을 지원했다. 치아노는 부인과 함께 이곳에 부임하여 1년 이상 영사 업무를 수행했는데 장인 무솔리니의 후광에 힘입어 현지 사교계의 즉각적인 관심을 받게 된다. 넘치는 주변의 관심과 계속되는 파티는 자기 과시와 남들의 시선을 즐겼던 치아노 부부가 마음속 깊이 원하던 것이었다.

이 와중에 둘은 유력한 중국인들도 여럿 만나게 되었는데 당대의 실권자인 장제스나 중국 북부의 강력한 군벌이자 아편 중독자인 장쉐량(張學良, 1898~2001)과도 친분을 쌓게 되었다. 부인 에다는 한술 더 떠서 이 '매력 넘치는 아편 중독자'와 은밀한 관계를 맺기도 했고 한때 도박에 빠져 빚을 지기도 했다고 전해진다. 이성 편력에 있어서는 치아노 역시 뒤지지 않았는데 상하이의 나이트클럽을 전전하며 마음껏 자유를 발산했다. 이들 부부는 서로 이러한 사실을 알면서도 부부 관계는 잘 유지하고 있었다.

짧은 중국 주재 생활을 마치고 이탈리아로 귀국한 치아노는 무솔리니에 의해 언론선전부의 차관으로 임명되었다. 이미 1925년부터 파시스트 독재국가가 된 이탈리아에서 언론을 검열하고 대중의 눈과 귀를 감독하는 막중한 역할을 맡게 된 것이다. 무솔리니는 자신의 일족인 사위야말로 이러한 역할을 맡기기에 적합하다고 생각했던 것이다. 오래 지나지 않아 무솔리니는 사위가 역할을 잘하고 있다고 생각

1936년 5월 에티오피아의 수도 아디스아바바를 점령하고 행진 중인 이탈리아군.

했는지 치아노를 1935년에 언론선전부 장관으로 승진시켰다. 이렇게 잘나가던 치아노는 돌연 장관 자리를 내던지고 전쟁터로 달려간다. 바로 아프리카 북동부의 에티오피아였다.

1870년에야 통일을 이룬 이탈리아는 독일과 더불어 제국주의의 후발 주자로서 영국과 프랑스의 전례를 쫓아 부단히 식민지 개척을 위해 노력했다. 하지만 지구상 대부분의 땅에는 이미 지배자가 있었고 이탈리아가 차지할 수 있었던 것은 노쇠해 가는 오스만 제국의 일부였던 리비아나 아프리카의 변방인 에리트레아와 소말리아 같은 곳뿐이었다.

현대판 로마 제국을 꿈꾸며 스파치오 비탈레(Spazio vitale, 이탈리아어로 '생존권'이라는 뜻)를 부르짖던 무솔리니에게 제국의 영역이 작은 것은 만성적인 스트레스의 원인이었다. 에티오피아는 북쪽으로는 이탈리아령 에리트레아, 남동쪽으로는 이탈리아령 소말리아와 국경을 맞대고 있었는데, 무솔리니는 이 두 식민지를 연결하고 싶어했다. 이러한 배경으로 당시 라이베리아와 더불어 아프리카 내의 둘뿐인 독립국이었던 에티오피아는 1935년 10월 전차와 항공기로 무장한 이탈리아 20만 대군의 공격을 받게 된다.

치아노는 공군으로 참전하였고, 제15폭격대의 수장으로서 세 개의 엔진이 달린 Ca.101 폭격기 부대를 지휘하며 대공병기가 거의 없는 에티오피아군을 마음껏 유린했다. 그의 이러한 활약은 국제적으로 금지된 겨자가스까지 사용할 정도로 고전을 면치 못했던 이탈리아 육군과 대비되었고 치아노는 전쟁 영웅으로서 조국에 금의환향했다. 자신의 사위가 화려하게 귀환하며 지도자인 본인의 위신을 세워주자 장인인 무솔리니 역시 크게 기뻐했고, 이러한 사위의 위상에 어울리는 선물을 주려고 마음먹게 된다. 1936년 6월, 전쟁 영웅이 된 갈레아초 치아노는 무솔리니가 겸임하고 있던 이탈리아 외무장관에 임명되었다. 치아노의 나이 불과 33세의 일로 이탈리아 역사상 최연소 외무장관이었다.

격변의 소용돌이 속에서

에티오피아와의 전쟁에서 승리한 무솔리니는 다음 목표를 노리게 된다. 1938년이 되자 그때까지 자신보다 한 수 아래로 여겼던 히틀러가 본색을 드러내며 행동에 나서고 있었다. 우선 히틀러는 1938년

뮌헨 회담의 주인공들. 왼쪽부터 체임벌린(영국), 달라디에(프랑스),히틀러(독일),
무솔리니와 치아노.

3월에 같은 게르만 민족임을 내세우며 오스트리아를 병합했다. 이후
체코슬로바키아의 주데텐 지방 내 300만 독일인들을 보호한다는 명
분으로 체코슬로바키아 정부에 해당 지역의 할양을 요구했고 즉시
영국, 프랑스와 전쟁 직전의 위기까지 가게 된다. 이런 긴박한 순간에
무솔리니는 체임벌린과 히틀러를 중재해 무력 충돌을 지연시켰고 이
후의 뮌헨 회담을 통해 각국은 위기를 넘기게 되었다. 일련의 과정에
서 외무장관인 치아노는 무솔리니의 '대외적인 입'으로서 실무적인
역할을 수행했다.

　영국과 프랑스는 뮌헨 회담으로 일시적인 평화를 얻었지만, 실
은 재앙을 몇 개월 연기시킨 것에 불과했다. '사악한 천재' 히틀러는

1939년 3월에 약속을 어기며 주데텐 지방에 그치지 않고 체코(보헤미아와 모라비아) 자체를 삼켜버렸고 슬로바키아는 독일의 위성국으로 분리 독립했다. 뮌헨 협정에서 '유럽의 평화 수호자'라는 찬사를 들었던 무솔리니는 일련의 상황에 몹시도 심기가 뒤틀릴 수밖에 없었다. 결국 이득을 챙긴 것은 '오스트리아 출신의 콧수염을 짧게 기른 사내'였고 자신은 허울 좋은 명예 외에는 아무런 실속도 챙기지 못했던 것이다. 이러한 무솔리니에게 좋은 먹잇감이 눈에 들어왔다. 바로 이탈리아와 아드리아해를 사이에 두고 지척에 있는 발칸반도의 소국 알바니아였다.

알바니아는 1912년에야 400년이 넘는 오스만 제국의 지배에서 벗어난 작은 나라였지만 이탈리아에게는 아드리아해를 통제하고 발칸반도로 진출하는 전략적 교두보가 될 수 있었다. 알바니아는 이미 1920년대부터 수입 물자의 30% 이상이 이탈리아산일 정도로 이탈리아의 강한 경제적 영향 아래에 있었는데, 1928년 왕정을 세우고 스스로 국왕이 된 독재자 조구 1세(Zogu I, 1895~1961)가 통치하고 있었다. 1930년대 중반 이후 조구 1세는 점진적으로 이탈리아의 영향권에서 벗어나려 시도했는데 이는 무솔리니의 심기를 불편하게 했고 결국 이탈리아는 1939년 4월 7일에 알바니아를 침공하게 된다.

무장이 빈약한 1만 명 정도의 병력을 보유한 알바니아는 수십 척의 함선과 수백 대의 항공기 지원을 받는 이탈리아군의 적수가 되지 못했다. 알바니아는 불과 5일 만에 무너졌고, 조구 1세는 정부의 금괴를 되는 대로 챙겨서 그리스로 망명했다. 이후 알바니아는 이탈리아의 보호국으로서 비토리오 에마누엘레 3세를 새 군주로 모시게 되었다. 알바니아 총독은 직업 외교관 출신인 프란체스코 자코모니가 임

1939년 4월 알바니아 티라나에 도착한 치아노(가운데의 밝은 군복)와 이탈리아군 수뇌부.

명되었는데 그는 사실상 외무장관 치아노의 명령에 따르는 충성스러운 하수인이었다. 치아노는 알바니아를 자신의 개인적인 영지로 생각했는데 알바니아 남쪽의 항구 사란데는 그의 아내의 이름을 따서 1944년까지 '포르토 에다'로 불리게 되었다.

에티오피아와 알바니아 침공 이후 이탈리아는 국제무대에서 날로 고립되고 있었고 이러한 상황의 타개책으로 동병상련 처지인 독일에 접근하게 되었다. 1939년 5월에 양국은 '강철 조약(Stahlpakt)'이라 불리는 군사, 경제 분야에서의 7개조 상호협력조약을 체결하였다. 치아노는 이탈리아의 대표로서 독일의 외무장관인 요아힘 폰 리벤트로프와 함께 베를린에서 조약에 서명했다. 이때부터 이탈리아와 독일은 사실상의 운명공동체가 되었으며, 1940년 9월 일본까지 가세해 삼국 추축 동맹을 맺으면서 파국을 향해 브레이크 없이 달려가게 되었다.

무모한 도박과 실패

독일이 2차 대전을 시작했을 때 이탈리아는 적어도 초기에는 중립을 유지하였다. 나름 기회를 엿보던 중 프랑스가 독일에 무너지는 것이 확실시되었던 1940년 6월 10일, 무솔리니는 로마의 베네치아 궁에 있는 그 유명한 발코니에 서서 영국과 프랑스에 선전포고를 했다. 죽어가는 맹수의 급소를 뒤에서 힘 안 들이고 공격하는 듯한 비겁한 행위였다. 하지만 광장에 가득 찬 흥분 상태의 군중에게 그런 상황은 전혀 논외였으며 모두 "두체"를 외치면서 엄청난 환호를 보냈다.

치아노는 외무장관으로서 영국 대사와 프랑스 대사에게 선전포고를 통보했는데 "프랑스 대사는 다소 놀란 것 같았고 영국 대사는 눈 하나 깜짝하지 않았다"라고 그의 일기에 기록하였다. 이날 베네치아 광장에 모인 많은 사람들은 조국 이탈리아가 비상할 천재일우의 기회가 왔다고 생각했을 것이다. 하지만 그 기회를 잘 살려 성공으로 만드는 것은 다른 문제였다.

무솔리니의 선전포고가 끝나기 무섭게 이탈리아군은 남부 알프스에 있는 프랑스군 방어선을 향해 집결하기 시작했다. 무솔리니의 엄청난 압력과 반(半) 협박을 통해 본격적인 공격이 시작된 것은 6월 21일이었는데 이날은 프랑스가 독일에 항복하기 바로 전날이었다. 무솔리니는 치아노를 통해 히틀러에게 이탈리아군이 공격할 때까지 휴전을 늦춰달라는 어이없는 요청을 전달했지만 히틀러는 일언지하에 거절했다.

이탈리아군은 총 30만 명이 세 방면으로 나누어서 공격을 했다. 공격 측인 이탈리아군에 비해 병력이 3분의 1이하였던 프랑스군은 '소(小) 마지노선'이라고 평가되는 방어선을 구축해 놓았는데 이탈리아군은 도무지 이것을 뚫을 수 없었다. 오히려 방한용품 부족으로 2000명 이상의 병사들이 제대로 싸워보기도 전에 동상에 걸리는 어처구니없는 일이 벌어졌다. 히틀러에게 이탈리아군의 늠름한 승전보를 전하고 싶었던 무솔리니의 체면은 구겨질 대로 구겨졌다.

하지만 독일에 항복한 프랑스는 더 이상 저항할 여력이 없었고 양국은 6월 24일에 휴전하게 된다. 결과적으로 이탈리아는 프랑스 영토 중 극히 일부만을 점령했는데, 휴전까지의 짧은 시간 동안 오히려 프랑스군에게 자국 영토를 빼앗기지 않은 것을 다행으로 여겨야 할 정도로 준비가 부족했다. 모든 것을 즉흥적으로 시작했고, 프랑스에서 크게 무언가를 얻지 못한 무솔리니는 판돈을 키우기 시작했다. 다음 도박의 장소는 북아프리카의 이집트였다.

1940년 9월 로돌포 그라치아니(Rodolfo Graziani, 1882~1955) 원수 휘하의 '현대판 로마 군단'인 이탈리아군 12개 사단이 이탈리아령 리비아로부터 이집트를 향해 공격을 개시했다. 당시는 영국 항공전이 가장 치열했던 시기였는데 3개월 전의 프랑스와 마찬가지로 영국도 자신의 생존을 위해 사투를 벌이는 상황이었고 이집트에는 병력이 많지 않았다. 하지만 불과 몇 달 전 프랑스에서의 고전에서 무솔리니는 아무런 교훈도 얻지 못했음이 분명했다.

이탈리아군은 영국군보다 네 배 이상 많은 총 25만 명의 병력으로 구성되어 있었는데 마치 사열식에 나온 제식 부대처럼 오와 열을 맞

　　　　　　　　　　　4장 이기적인 배신자

1941년 영국군의 반격 과정에서 호주군에게 탈취당한 이탈리아군 전차들.

추어 이집트로 진군했다. 이들은 승리를 너무나도 확신한 나머지 승전비를 세울 때 쓸 대리석까지 싣고 진군하고 있었다. 영국군의 아치벌드 웨이벌 장군과 리처드 오코너 장군은 천천히 전략적인 후퇴를 거듭하면서 일격을 준비하고 있었다.

이탈리아군은 이집트 국경에서 약 100킬로미터 들어간 시디 바라니에서 진격을 멈추었고 7개의 요새와 방어선을 구축했다. 영국군은 착실히 반격 준비를 했고, 마침내 12월에 방어선 사이를 뚫으며 역습을 감행했다. 이탈리아군의 '움직이는 관'이라 불렸던 M13/40 전차는 영국군의 마틸다 전차의 적수가 되지 못했고, 싸울 의지도 능력도 없었던 '로마 군단'은 곳곳에서 항복하며 무솔리니의 자존심을 완전히 무너뜨렸다. 어떤 곳에선 영국군이 총 몇 방을 쏘자마자 백기가 걸리기도 했다. 무솔리니의 과욕의 결과로 이탈리아군 약 13만 명이 포로가 되었다.

연이은 실패에도 불구하고 무솔리니는 '현대판 로마 제국 건설'이라는 도박을 멈추지 않았다. 또 하나의 도박이 벌어진 곳은 그리스였다. 무솔리니는 내심 유고슬라비아를 먼저 공격하고 싶어했지만 친독 국가인 유고슬라비아를 그대로 두고자 하는 히틀러의 반대로 뜻을 이루지 못했다. 한편 남쪽의 그리스는 이탈리아가 점령한 알바니아와 가깝고 독일과는 멀어 히틀러의 영향력 밖에 있다고 판단되었다. 치아노는 알바니아를 통한 그리스 침공을 적극 지지했다. 자신의 영지처럼 관리하고 있던 알바니아가 이탈리아에 전략적으로 큰 도움이 됨을 어필하고 싶었기 때문이다.

치아노의 적극적인 주도로 알바니아에 이탈리아군 병력과 무기가 증원되었고 이탈리아 언론에서는 연일 반그리스 선전이 흘러나왔다. 하지만 무솔리니가 간과한 것이 있었다. 바로 그리스 국민들의 애국심과 총리 요안니스 메탁사스(Ioannis Metaxas, 1871~1941)의 강철 같은 의지였다. 키가 작은 메탁사스는 비록 독재자이긴 했지만 애국심에 피가 끓는 그리스인이었다. 그는 국방을 강화하여 불가리아 국경에 방어선인 '메탁사스선'을 건설했고 이탈리아와의 전쟁에 대비하여 식량과 탄약 비축분을 늘렸다. 이러한 와중인 8월 15일에 에게해의 티노스섬 인근에서 그리스 경순양함 엘리가 이탈리아 잠수함에 의해 격침되는 사건이 발생했고 이제 양국의 전쟁은 피할 수 없게 되었다.

마침내 이탈리아는 1940년 10월 28일에 그리스를 침공했다. 모두가 어른과 아이의 싸움이라고 생각했고 이탈리아가 쉽게 이길 것으로 전망했다. 이탈리아 병사들은 그리스를 하루면 무너질 약체로 보았고, 현지 여성과의 만남을 기대하며 피임기구를 휴대한 병사들도 있었다. 하지만 그리스는 결코 만만한 상대가 아니었고, 개전 일주일 후인 11월 초가 되자 모두의 예상을 뒤엎고 이탈리아군이 후퇴하기 시작했다. 이전의 전투에서 드러난 이탈리아군의 전술적인 창의성 부족이나 빈약한 보급 등은 전혀 개선되지 않았고, 오히려 '아이'인 그리스에 알바니아를 빼앗길 위기에 처했다.

해가 바뀌어 1941년 봄이 되자 이탈리아군은 병력과 항공기를 증파했고 공세를 통해 상황을 타개하려 했다. 공격은 3월 9일에 무솔리니가 친히 참관하며 시작되었는데 10만 발의 포격 이후 진행된 공세는 일주일도 안 되어 무참한 실패로 끝났고 화가 머리끝까지 난 무솔리니는 히스테리를 부리며 이탈리아로 돌아갔다. 더구나 간호사로 봉사 중이던 딸 에다가 탄 병원선이 영국군 항공기의 공격을 받아 침몰해, 에다도 간신히 구조되는 일이 일어났다. 이탈리아는 도저히 헤어날 수 없는 수렁에 빠진 것처럼 보였다. 결국 4월 6일에 독일군이 개입해서야 상황이 정리되었는데 무솔리니는 다시 한번 무능한 지도자로서 대외적으로 망신을 당했다. 더불어 그리스 침공을 주도했던 외무장관 치아노의 위상도 함께 땅에 떨어졌고 서서히 두체의 눈 밖에 나기 시작했다.

이후 이탈리아는 전쟁에서 어떠한 의미 있는 모습도 보여주지 못했고 '수동적 주변인'으로서 독일의 눈치만 보는 신세가 되었다. 시간이 흐른 1943년 2월에 추축군은 스탈린그라드에서 대패를 당하고 무솔리니는 전면적인 개각을 단행한다. 이때 치아노는 외무장관 자리를 내주고 교황청 대사로 임명되었다. 이미 장인과 사위는 서로 대화도 거의 하지 않는 상황이었고, 이탈리아의 얼굴이자 황태자였던 치아노는 이렇게 권력의 중심에서 밀려났다.

배반인가, 구국을 위한 선택인가?

무솔리니가 연이은 도박에서 실패하면서 이탈리아는 독일의 신뢰를 완전히 잃고 말았다. 당시 독일군 총참모부에서 유행하던 농담 중에 다음과 같은 것이 있었다. "이탈리아가 적의 편이라면 이들을 막기 위해 5개 사단 정도가 필요하겠지만 이들이 우리 편이라면 이들의 공격에 쐐기를 박기 위해 20개 이상의 사단이 필요할 것이다." 이후 이탈리아는 '현대판 로마 제국'은 고사하고 전쟁터의 천덕꾸러기 신세로 전락했다.

1942년 말에서 1943년 초 사이에 추축군은 소련의 스탈린그라드와 이집트의 엘 알라메인에서 결정적인 타격을 입었다. 이탈리아의 주전장이었던 북아프리카에서 추축군은 동쪽에서 서진하는 영국군과 서쪽에서 동진하는 미군에 의해 샌드위치 신세가 되고 말았다. 결국 1943년 5월 영국군과 미군이 튀니지의 튀니스에 입성해 독일군과 이탈리아군 25만 명을 포로로 사로잡으면서 북아프리카 전투는 종결되었다. 이제 연합군의 다음 목표는 처칠의 표현을 빌리자면 '유럽의 부드러운 하복부'인 이탈리아였다.

북아프리카를 평정한 연합군은 불과 두 달도 지나지 않은 7월 9일에 이탈리아의 시칠리아에 상륙했다. 상륙작전으로만 보자면 노르망디 상륙작전 개시일보다 많은 7개 사단이 동원되었는데, 압도적인 연합군의 규모에 많은 이탈리아군이 이미 전의를 상실하고 독일군만 겨우 버티며 전투를 이어가는 상황이었다. 전쟁의 파도가 자국에까지 밀려오고 연합군의 우세가 가시화되자 이탈리아의 파시스트 지도부 내에서조차 무솔리니를 비난하는 목소리가 나오기 시작했다. 또한 귀족 및 고위층에서 이탈리아의 종전을 위해 연합군과의 접촉을 시도하는 이들이 생겨났다.

이들의 눈과 귀는 비록 입헌군주제하의 명목상 지도자이지만, 엄연히 국왕인 비토리오 에마누엘레 3세에 쏠려 있었다. 이러한 이들의 대표가 1943년 2월에 치아노와 함께 내각에서 쫓겨난 전 법무장관이자 전 주영국 대사였던 디노 그란디(Dino Grandi, 1895~1988)였다. 그란디는 7월 중 국왕을 알현하고 무솔리니의 실각에 대해 의견을 나누었는데 비토리오 에마누엘레 3세의 입장은 입헌군주국의 국왕으로서 '투표를 통한 결과'만을 수용할 수 있다는 것이었다. 이렇게 무솔리니와 치아노의 운명을 결정짓는 회의가 다가오고 있었다.

이러한 의사 결정을 위해 결국 7월 24일에 최고 의결 기구인 파시스트 대평의회가 열렸다. 하지만 말이 단순히 '의사 결정'이지 불신임 투표를 통해 독재자 무솔리니가 실각할 수도 있는 심각한 회의였다. 치아노를 포함한 27명의 대평의회 위원들은 오후 5시에 로마의 베네치아 궁에 모였다. 이들은 갑론을박하며 무려 9시간의 마라톤 회의를 이어갔고, 자정이 지나 날짜가 바뀐 7월 25일 새벽 2시 무렵에 구두로 공개 투표가 진행되었다. 결국 무솔리니의 퇴진에 찬성 19표, 반대 8표, 기권 1표의 결과가 나왔고 치아노는 그란디와 함께 장인의 퇴진을 찬성하는 쪽에 투표했다.

치아노는 당시만 해도 이 결정이 그의 운명을 어떻게 바꿀지 짐작하지 못했겠지만, 무솔리니 입장에서 이것은 사실상의 쿠데타이자 장

무솔리니의 불신임 이후
총리가 된
피에트로 바돌리오.

인에 대한 배반이었다. 충격에 빠진 무솔리니는 당일 오후에 투표 결
과를 국왕에게 보고하고 나오던 중 카라비니에리(이탈리아 군사경찰)
에 체포되었고 이후 그란 사소의 호텔에 감금되었다. 무솔리니의 후
임으로는 운명의 장난인지 그리스 침공 당시 총사령관으로 무솔리
니에 의해 불명예스럽게 퇴진했던 피에트로 바돌리오(Pietro Badoglio,
1871~1956)가 임명되었다.

4장 이기적인 배신자

1943년 9월 그란 사소에서 구출된 무솔리니(검은 양복을 입은 인물)와 구출 작전을 지휘한 오토 슈코르체니(무솔리니의 왼쪽).

비정한 최후

이탈리아의 정세 변화에 가장 민감하게 반응한 것은 당연히 독일 측이었고, 즉시 이탈리아에 8개 사단을 투입하여 만약에 있을 사태에 대비했다. 치아노는 장인이 감금된 상황에서 신변의 위협을 느꼈고 비록 친독파는 아니었지만 8월 말에 아내 에다 등 가족을 데리고 독일 뮌헨으로 향했다.

그가 독일에 머무는 동안 그의 운명을 바꿀 두 가지 사건이 일어났다. 첫 번째는 9월 8일 바돌리오의 이탈리아 정부가 시칠리아의 연합군과 비밀 협상을 통해 항복한 것이었다. 보다 중요했던 두 번째 사건은 9월 12일에 첩첩산중인 그란 사소에 감금되어 있던 무솔리니가 독일 무장친위대의 오토 슈코르체니가 지휘하는 특수 부대에 의해 구출된 것이었다. 히틀러는 한때 자신의 우상이었던 '두체'를 다시 권좌에 앉혔고, 무솔리니는 중부와 북부 이탈리아를 중심으로 '이탈리아 사회주의공화국(살로 공화국)'을 세우게 된다. 이때부터 이탈리아는 사실상의 내전에 빠지게 되었다.

사태가 급박하게 돌아가는 가운데 독일 측은 치아노의 신병을 무솔리니 측에 인계했다. 프랑코가 지배하는 스페인으로 갈 수 있을 것이라 기대했던 바람과는 반대로, 치아노는 이탈리아 북부 베로나의 차가운 독방에서 외부 연락도 차단당한 채 수감생활을 하게 되었다.

재판을 기다리고 있던 치아노의 구명을 위해 부인 에다는 치아노가 재임 시절에 썼던 일기를 숨겨놓고 무기로 삼았다. 그의 일기가 독일과 이탈리아의 외교 및 정치의 '비하인드 스토리'를 담고 있다고 판단한 독일 측도 '치아노 일기'의 중요성을 인식하고 입수하려 했으나 결국 그를 사면시키는 데에는 실패했다. 배신에 대한 분노가 극심했던 히틀러가 강한 거부감을 보였던 것이다.

장인인 무솔리니는 사위의 운명을 놓고 극심한 딜레마에 빠지고 말았다. 딸인 에다가 남편을 살리기 위해 울면서 간청했지만 배신자인 그를 사면했을 때 몰아닥칠 후폭풍을 감당할 수 없었던 것이다. 그렇다고 치아노를 그냥 내칠 수도 없는 것이 그는 자신의 사위이자 지난 십수 년 동안 최측근이었다. 하지만 이미 히틀러의 눈치를 보는 '이빨 빠진 호랑이' 신세인 무솔리니가 할 수 있었던 것은 상황을 한탄하며 남몰래 울부짖는 것 외에는 없었다. 1944년 1월 11일 두체의 사위는 뒤로 돌아앉은 채 총살당했다. 그는 똑바로 정면을 보고 당당하게 죽겠다고 말했지만 이마저도 끝내 받아들여지지 않았다. 이렇게 이탈리아의 황태자는 41세로 파란만장한 삶을 마감했다.

그의 생애는 온갖 화려함과 권력의 달콤함으로 가득했지만 그 대가로 사형이라는 비참한 최후를 맞게 되었다. 만약 무솔리니와 치아노가 사후에 만났다면 과연 어떤 대화를 나누었을까? 아마도 어느 한쪽은 상대에게 미안하다 말했을 것이다.

핍박받는 자들의 지배자

하임 룸코프스키

CHAIM RUMKOWSKI
(1877~1944)
유대인 게토의 대표

1987년 4월 이탈리아의 토리노에서 한 남자가 거주하던 건물에서 뛰어내려 자살했다. 그는 화학자이자 유명 작가인 프리모 레비(Primo Levi, 1919~1987)로 밝혀졌고, 극심한 우울증 때문에 자살한 것으로 알려졌다. 레비의 우울증은 2차 대전 당시 파르티잔 활동 중 체포되어 아우슈비츠 강제수용소로 끌려간 경험으로부터 비롯하였다. 레비는 화학 전공자로서 아우슈비츠 내에 있는 화학 회사의 실험실에서 일할 수 있었고, 덕분에 힘든 육체노동을 면할 수 있었다. 또한 독일군은 철수하면서 모든 수용자들을 끌어갔지만, 당시 레비는 성홍열에 걸려 강제수용소에 그냥 남게 되었다. 죽음의 행군에 끌려간 대부분의 수감자들이 도중에 사망한 사실에 비춰볼 때 레비의 병은 오히려 하늘이 도왔다고 해야 할 것이었다.

소련군에 의해 해방된 이후 레비는 오랜 여정을 거쳐 고향 토리노로 돌아왔고, 강제수용소 시절의 끔찍한 경험들을 회상하며 1947년에 출간한《이것이 인간인가》부터 1986년에 출간한《가라앉은 자와 구조된 자》까지 많은 책을 집필했다. 그는 인간의 잔인함과 이기적인 면을 고발했는데, 이러한 레비가 보았던 수많은 인간들 중 유독 불쌍하게 여긴 유형이 있었다. 바로 자신도 유대인이면서 짧은 삶을 조금이라도 연장해 보겠다고 동족인 유대인을 이용하거나 팔아먹는 부류였다.

지금부터 이야기하려 하는 '게토의 왕' 하임 룸코프스키는 이러한 유형의 가장 대표적인 사례이며, 홀로코스트에서도 가장 논란이 많은 인물 중 한 명이다.

유대인 협상가

하임 룸코프스키는 1877년에 러시아 제국의 벨리키예 루키의 일리노에서 유대인 가정의 장남으로 태어났다. 당시 러시아 제국의 서부인 그의 고향 및 주변에는 슈테틀(Shtetl)이라 불리던 전통적인 유대인 마을들이 여럿 있었다. 이곳의 유대인들은 러시아 제국의 반유대 정책이 강화되면서 때때로 포그롬(Pogrom)이라 불리는 끔찍한 박해를 경험했다. 이러한 포그롬에는 반유대적인 지역 주민들의 폭력이 흔히 동반되었고, 때로는 살인이 일어나기도 했다. 이러한 억압적인 상황을 피해 많은 유대인들이 미국 및 기타 유럽 국가로 도피성 이민을 떠나는 것이 19세기 말과 20세기 초 러시아 제국의 흔한 풍경이었다.

룸코프스키는 유대인들이 1892년에 발생한 포그롬을 피해 도망칠 때 같은 러시아 제국에 속해 있던 서쪽의 폴란드로 이동했고, 최종적으로 폴란드 서부의 도시 우치에 정착했다. 그는 이곳에서 섬유업에 종사하게 되었고, 1차 대전 이후에는 보험업에도 뛰어들어 나름 부를 축적했다.

이후 결혼은 했지만 아이가 없었던 룸코프스키는 고아원을 설립하여 유대인 고아들을 돌볼 결심을 하게 된다. 그는 고아원 설립 과정에서 주변의 반유대적인 폴란드인들과 행정적으로 또는 금전적으로 종종 부딪히게 되었는데, 이들은 기본적으로 자신들의 주변에 '유대인 시설'이 들어오는 것을 원치 않았다.

하지만 이러한 일련의 과정에서 싸움과 회유를 반복하던 룸코프스키는 비유대인과의 협상에서 원하는 것을 얻어내는 자신만의 방식을 완성하였다. 여러 반대에도 불구하고 결국 그는 고아원을 세웠고,

1937년 이후 룸코프스키는 우치 내 유대인 공동체의 주요 인물로 부상했다. 그리고 곧 폴란드 내 모든 유대인들의 운명을 송두리째 바꿔버릴 사건이 시작되었다.

우치 게토의 성립

1939년 9월 1일 독일군이 폴란드를 공격했을 때 서부에 위치한 우치는 불과 일주일 만에 점령당했다. 폴란드가 항복한 이후 우치는 독일에 가까운 위치 때문에 독일로 편입되었고, 우치 일대는 독일어로 바르텔란드(Wartheland)라고 불리게 되었다.

한편 우치는 1차 대전 당시 이곳에서 활약한 독일군 장군이자 나치 당원이었던 카를 리츠만(Karl Litzmann, 1850~1936)의 이름을 따서 리츠만슈타트(Litzmannstadt)로 개명되었다(반면 수도였던 바르샤바는 독일 본토령이 아닌 '일반 점령지구'로 남았다). 당시 폴란드 인구의 약 10%인 약 350만 명이 유대인이었는데, 우치 및 주변 도시에는 중세 때부터 이어져 온 유대인 거주지들이 존재했고 우치 인구의 약 3분의 1인 23만 명이 유대인이었다.

도시를 점령한 나치 당국은 우치를 '정화'하고 싶어했다. 이 짧은 단어는 독일인을 비롯한 아리아인들에게 유대인이 보이지 않도록 제거한다는 무서운 의미를 담고 있었다. 이러한 조치의 초기 단계로서 유대인들은 외출 시 겉옷에 큼지막한 '다윗의 별'을 부착해야만 했고, 모든 사업체를 몰수당했으며, 기차를 제외한 대중교통 이용 및 차량 소유가 금지되었다(얼마 지나지 않아 기차 이용마저 금지되었다).

이러한 차별적인 조치를 거친 1940년 2월, 독일 당국은 우치 내 중

우치 게토로 강제 이주하고 있는 유대인들(1942년).

심부의 특별 거주구역으로 시의 모든 유대인을 재정착시킨다고 공포
했다. 곧 우치 및 주변의 유대인들은 짐을 있는 대로 챙겨서 유대인
특별 거주구역, 즉 게토로 이동하게 되었다. 유대인들은 가져갈 수 없
는 짐이나 가구들을 헐값에 주변의 폴란드인들에게 매각했고, 이마
저 여의치 않았던 많은 사람들은 그냥 버리고 가야만 했다. 수많은 유
대인들이 이동하는 동안 거리에는 그들의 발소리 외에는 아무런 소
리도 들리지 않았고, 무서운 정적이 흘렀다. 폴란드인들은 유대인들
을 말없이 지켜봤고, 유대인들 역시 자신들의 앞에 어떤 운명이 펼쳐
질지도 모른 채 조용히 앞만 보고 걸었다.

유대인들이 게토 안에 들어왔을 때 그들에게 펼쳐진 광경은 대단

　　　　　　　　　　　　　　　　　　　　4장 이기적인 배신자

우치 게토를 분단하는 대로 위에 유대인들의 통행을 위해 놓인 다리.

히 충격적이었다. 길에는 삐쩍 마른, 누더기를 입은 사람들이 목적지도 없이 배회하고 있었다. 극히 좁은 지역에 다수의 사람들을 수용하다 보니 여러 가구가 집을 공유했고 한 방에 7~10명이 자는 경우도 흔했다. 독립적인 화장실이나 부엌을 논하는 것은 사치였고 기존에 상류층이나 중산층 이상의 삶을 살던 많은 사람들은 이러한 열악한 상황에 심리적으로 무너지기 시작했다.

모든 사람들의 지상 과제는 생존이었는데 게토 내에서 배급되는 식량의 열량은 인당 평균 900칼로리 정도였다. 일반인의 생존에 필요한 하루 열량이 최소 2000칼로리 이상인 점을 감안하면 이것은 사람들을 서서히 굶겨 죽이는 수준이었는데, 이마저도 며칠에 한 번씩 배급되었다. 게다가 우치에는 나치를 열렬히 지지하는 독일인들이 도시 곳곳에 많이 거주하였던 관계로 게토로의 음식 밀반입이 대단히 어려웠다.

위생이 무너진 상황에서 발진티푸스 같은 치명적인 전염병이 수시로 창궐하는 것은 너무나도 당연한 순서였다. 무엇보다 독일 당국은 유대인들의 복지나 처우 등에는 일절 관심이 없었는데, 사실 이곳 게토는 동쪽의 일반 점령지구로의 이동을 위한 임시 거처일 뿐이었다. 이들에게 게토 내 유대인은 이미 인권이 없는 존재였고, 오히려 인간으로서의 존엄을 철저히 무너뜨리고자 했다.

1940년 5월 1일에 우치 게토는 목책과 철조망으로 외부와 완전히 차단되었다. 당시 4제곱킬로미터의 좁은 게토 안에 갇힌 유대인의 숫자는 무려 16만 4000명에 달했다. 여기에 독일, 룩셈부르크 및 체코 등 유럽 각지에서 도착한 2만 명 이상의 다른 유대인들과 일부 집시들까지 들어오게 되었다. 이러한 게토는 폴란드 곳곳에 존재했는데, 독일 당국은 수많은 유대인들을 보다 효율적으로 관리하기 위한 유대인 조직과 대표가 필요했다. 많은 경우 기존 유대인 지역 사회에서 돈과 영향력이 있던 인물들이 그 역할을 맡게 되었다. 이렇게 해서 우치에도 유대인 장로회가 설립되었고, 그 대표가 뽑혔다. 그는 바로 '백발에 사람을 꿰뚫어 보는 듯한 파란 눈'을 가진 63세의 룸코프스키였다.

생존을 위한 전략

비유대인처럼 보이는 외모를 가진 룸코프스키는 게토의 유대인 대

우치 게토에서 유대인들을 상대로 연설하고 있는 룸코프스키(1940년).

표가 되었을 때만 해도 '보다 많은 사람들을 살려보자'는 나름의 신념
을 가지고 있었던 것으로 보인다. 룸코프스키는 유대인들의 생존을
위해 가장 중요한 것은 독일인에게 필요한 존재가 되는 것이라 생각
했다. 당시 우치의 게토에는 여러 산업시설들이 있었는데 그는 이곳
들의 가치를 매우 높이 평가했다. 이곳에서 독일의 전쟁 수행을 위한
군복, 군화, 식기 심지어 탄약과 소형 무기 등의 다양한 군수물자를
생산할 수 있었던 것이다. 룸코프스키는 다른 유대인들과의 회의에
서 최대한의 고용과 기여를 통해 독일인들에게 인정받는 것만이 그
들의 유일한 살길이라고 주장했다. 그의 이러한 생각은 "노동만이 우
리의 유일한(생존의) 길이다(Unser einziger Weg ist Arbeit)"라는 슬로건에

잘 나타나 있다.

이러한 접근은 독일 당국의 주목을 끌게 되었고, 특히 담당 행정관이었던 한스 비보프(Hans Biebow, 1902~1947)는 룸코프스키의 방식이 맘에 들었다. 그는 룸코프스키에게 더 많은 권력을 주었고 유대인 노인은 이에 부응하듯이 동족인 유대인들을 가혹하게 관리하기 시작했다. 먹을 것이 충분치 않은 유대인 수용자들은 비참한 상황에서 하루 12시간 이상의 노동을 견뎌야 했다. 하지만 이런 비참한 상황도 독일군에게 끌려가거나 살해당하는 것보다는 나았으며 사람들은 생존을 위해 죽기 살기로 일했다. 1943년에 이 좁은 게토 안에는 무려 117개의 공장 내지는 작업장이 있었으며 독일의 전쟁 수행에 많은 기여를 했다.

우치 게토에서는 비록 굶어 죽는 사람들이 있어도 다른 게토와는 달리 빠른 시간 안에 시체가 치워졌다. 우치 게토에는 최소한의 행정 기능이 작동하고 있었고, 초중등학교와 병원 및 문화센터도 존재했다. 1941년 6월에 친위대의 수장인 하인리히 힘러가 우치 게토를 방문하여 게토 곳곳을 둘러보았고, 대체로 만족감을 표시했다. 당시 힘러와 그의 독일인 보좌관 옆에는 커다란 다윗의 별을 부착한 유대인 한 명이 밀착 수행하며 붙어 있었는데, 그가 바로 게토의 유대인 대표 룸코프스키였다.

룸코프스키는 본능적인 사업가이자 협상가였다. 그는 독일인들이 움직이기 전에 한발 빠르게 이들이 원하는 것을 먼저 주려고 노력했고, 이를 통해 그의 권력, 그리고 보다 많은 사람들의 고용을 유지했다. 부자 유대인들로부터 압수한 보석이나 모피 등이 비보프를 비롯한 독일인 감독자들에게 상납되었고, 정기적으로 아름다운 여성들을

1941년 6월 우치 게토를 방문한 힘러를 영접하는 룸코프스키(가장 왼쪽).

선발해 보내기도 했다. 이것이 전쟁 중 우치 게토에서 벌어졌던 '악어
와 악어새'의 공존 방식이었다.

폭군이 되다

독일인들에게 더 많은 권력을 보장받은 룸코프스키는 그의 힘을
불쌍한 동족들에게 사용하기 시작했다. 게토 내에는 치안 유지를 위
한 400여 명 규모의 유대인 경찰 조직이 있었는데 상당수가 폭력배
출신이었다. 이들은 사실상 룸코프스키의 사병이었는데 범죄자들을
잡아들이는 기본 임무를 수행하는 것은 물론 많은 경우 독일군의 일

마차를 탄 채 게토를 돌아보고 있는 룸코프스키.

을 도와 유대인의 추방이나 검거 등에 적극적으로 협력했다. 더불어 룸코프스키의 정적이나 반대파들을 탄압하는 역할도 했다. 이러한 반 룸코프스키 인사들은 체포된 후 우선적으로 독일군에게 넘겨져 이후 강제수용소로 끌려갔다. 독일군에게 끌려가는 상황을 피했더라도 끝이라고 볼 수 없었는데, 이들은 고용 및 배급을 받지 못했고 이 것은 곧 굶주림을 통한 죽음을 의미했다. 사태가 이렇게 되자 룸코프스키의 반대파들은 점차 줄어들었고 결국 사라져 버렸다. 한편 그의 형제나 가까운 지인들은 먹고사는 데 전혀 문제가 없었고 심지어 일부는 이곳 생활을 즐기기도 했다. 지배자와 피지배자의 차이는 너무나도 분명했다.

우치 게토는 내부에서만 통용되는 고유 화폐를 발행했는데 여기에는 '위대한 룸코프스키'의 사인이 인쇄되어 있었다. 사람들은 이 화폐를 조롱의 의미를 담아 '룸킨'이라고 불렀는데, 당연히 게토 밖에서는 전혀 쓸 수 없는 휴지 조각에 불과했다. 이러한 고유 화폐 탓에 사람들의 현금은 더더욱 쓸모가 없게 되었고, 게토 내부로의 물품 밀반입은 사실상 불가능해졌다.

룸코프스키는 때때로 마부가 끄는 마차를 타고 게토 안을 돌아다녔는데 그 풍경은 마치 왕이 자신의 영토를 돌아보는 듯했다. 또한 게토 내에서 유대인 랍비의 활동을 비롯한 종교 활동이 금지되었기 때문에 룸코프스키는 결혼식의 주례도 맡게 되었다. 심지어 게토 내에서 통용되는 우표에는 그의 얼굴이 도안되기도 했다. 이렇게 룸코프스키는 핍박받는 동족들 사이에서 점차 '게토의 왕'으로서의 위상을 굳히고 있었다.

사실상의 왕이었던 룸코프스키는 그의 지위를 이용하여 자신의 더러운 욕망을 채우기도 했다. 숱한 젊은 여성들을 성추행 내지는 성폭행한 것이다. 당하는 여성들 입장에서는 치가 떨리도록 분노할 상황이었지만 입을 다무는 것 외에는 다른 방법이 없었다. 이러한 사실을 조금이라도 발설하거나 외부로 알린다면 룸코프스키에 의해 바로 '죽음의 수용소'로 끌려갈 수 있음을 너무나 잘 알고 있었기 때문이다. 한때 그의 비서였던 루실 아이헬그린이 대표적인 피해자였는데 그녀는 '이 변태적이고 사악한 노인'의 악행에 대해 어떠한 저항도 할 수 없었고 수개월 동안 유린당했다.

"당신의 아이를 달라"

독일군이 모스크바 코앞까지 진군했다가 후퇴하던 1942년 1월 20일, 베를린 인근 반제의 한 별장에 일단의 고급 승용차들이 속속 도착하고 있었다. 나치의 다양한 제복을 입은 참석자들이 국가보안 본부 수장인 라인하르트 하이드리히가 주관하는 회의에 참석하기 위해 모인 것이다. 친위대는 물론 제3제국 정부 각 부처의 대표들이 모여 화려한 건물의 커다란 테이블에서 토론을 했는데, 그 주제는 바로 '유대인 문제'였다(후일 유대인 학살의 실무자가 되는 아돌프 아이히만도 참석했다). 이들은 유럽 내 독일 점령지에 있는 유대인들의 처리에 대한 최종적인 결론을 내리려 하고 있었다.

이날 도출된 이들의 해결책은 인류 역사상 전례가 없는 대단히 경악스러운 것이었다. 독일 영토 및 점령지구 내에 있는 모든 유대인의 절멸을 화기애애한 분위기에서 만장일치로 의결한 것이다. 이렇게 해서 유럽 내 독일 지배하에 있던 모든 유대인들의 끔찍한 운명이 결정되었다. 아이히만이 파악한 자료에 따르면 '처리해야 할' 유럽 내 유대인의 숫자는 무려 1100만 명이었다.

물론 반제 회의 이전에도 유럽 곳곳에 강제수용소가 존재했고 이들 강제수용소에 정기적으로 유대인들이 이송되며 살해당했지만 이제 대량 학살 공장을 본격적으로 돌릴 시간이 된 것이었다. 폴란드에서 두 번째로 컸던 우치 게토의 유대인들도 북쪽의 헤움노나 남쪽의 아우슈비츠 강제수용소로 이송되었다. 1942년 초에만 총 네 차례에 걸쳐 이송이 이루어졌는데, 독일인들은 이 선별 절차를 룸코프스키 등의 '선한 유대인들'에게 맡겼다. 룸코프스키에게 강제수용소로의 이송이 무엇을 뜻하는지는 너무나도 분명했다. 과거에는 강제수용소

우치 게토에서 강제수용소로 이송되어 가는 유대인 어린이들(1942년).

로 범죄자들이나 반대파들을 주로 보냈다면, 이제는 일반인들로 대
상이 확대된 것이다.

룸코프스키는 참혹한 독일군의 명령을 일말의 저항도 없이 충실히
수행했다. 몇 차례의 이송을 거친 후 1942년 9월에는 '노동을 할 수
없는 약자'들을 우선적으로 선별하게 되었고, 이 과정에서 게토의 모
든 어린이와 노인들을 이송하라는 극악무도한 명령을 받았다. 가족
을 강제로 해체하고 이산가족을 만들라는 대단히 충격적인 명령이었
지만, 룸코프스키는 주저하지 않았다.

그는 게토의 수많은 동족들 앞에서 "독일군이 우리들 중 가장 선한

이들을 포기하라고 요구합니다. 이제 여러분의 아이들과 노인들을 내게 넘겨주시오!"라는 지독히도 사악한 연설을 했다. 룸코프스키는 독일군이 요구한 1만 3000명의 아이들과 1만 1000명의 65세 이상 노인들을 포기하면 다른 성인들의 생존 확률을 높일 수 있다는 냉혹한 계산을 했던 것이다.

어떤 이들은 강력하게 분노하기도 했고 심지어 나치의 하수인인 유대인 경찰들조차 이 명령에는 반기를 들었다. 저항하는 사람들에 의해 게토 곳곳에서 유혈 충돌이 발생하기도 했다. 하지만 이것이 전부였고 무기를 든 독일군 앞에서 이들이 할 수 있는 것은 아무것도 없었다. 결국 아이들과 노인들을 포함하여 1942년에만 총 7만 명 이상의 우치 게토 거주민들이 독일군에게 넘겨졌고, 이들은 남녀 구별도 없이 분뇨 처리용 양동이 하나만 있는 화물열차에 태워져 강제수용소로 끌려갔다. 많은 사람들이 아우슈비츠 등의 강제수용소에 도착하자마자 친위대 장교나 의사들의 선별 작업을 거쳐 가스실로 직행했다. '비생산적 요소들'이 제거된 후 게토의 학교와 병원은 문을 닫았다. 게토의 거주 인원은 10만 명 이하로 줄었고 사실상의 노예노동 수용소가 되었다.

한편 같은 시기에 룸코프스키와 똑같은 독일군의 요구를 받았던 바르샤바 게토의 유대인 대표 아담 체르니아코프(Adam Czerniaków, 1880~1942)는 동족을 죽이고 있다는 극심한 괴로움을 견디지 못했다. 그는 동족들이 대량으로 끌려가는 가운데 청산가리를 먹고 자살을 택했다.

동족의 배신자인가? 구원자인가?

수용자들이 이송되고 상황은 악화됐지만 우치 게토는 여전히 독일 군의 전쟁 수행에 도움이 되는 곳이었다. 1943년을 거치면서 바르샤 바 게토에서는 더 이상 참지 못한 유대인들이 무장 투쟁을 벌였는데 이는 폴란드인들에게 엄청난 감명을 주었고 이듬해 '바르샤바 봉기' 의 동기가 되었다. 우치 게토에서는 이러한 일이 발생하지 않았고 각 종 산업시설은 계속 유지되었다. 하지만 전세가 독일에 불리해지면 서 동쪽의 소련군이 폴란드로 접근하기 시작했고 마침내 독일군 상 층부에서도 폴란드 내 유대인 수용시설의 처리에 대해 논의가 시작 되었다. 전시생산을 책임진 전쟁산업부 장관 알베르트 슈페어 같은 이들의 반대가 있었지만 1944년 6월이 되자 독일 지도부는 마침내 우치 게토의 철거를 결정했다.

두 달간 약 6만 7000명의 수용자를 이송한 후인 8월 17일에 독일 군은 거리에서 보이는 유대인들을 처형하겠다고 공포했고 우치 게토 는 그렇게 폐쇄되었다. 우치 게토는 나치 독일 치하의 폴란드에서 마 지막까지 운영된 게토였다. 1945년 1월에 소련군이 도시를 점령했을 때 우치에서는 폴란드인들의 도움을 받은 약 900명 정도의 유대인들 이 살아남은 것으로 알려져 있다.

한편 '게토의 왕' 룸코프스키는 8월 28일에 그의 가족과 함께 마 지막 열차로 게토에서 이송되었다. 그 목적지는 수많은 동족들이 살 해당했던 남쪽의 아우슈비츠 강제수용소였다. 룸코프스키가 이곳에 도착했을 때 소문은 순식간에 퍼져나갔다. 그는 이곳에서 존더코만 도(Sonderkommando, 가스실의 시체를 치우던 사람들)에게 죽을 때까지 구 타당했다고 전한다. 이후 그의 시신은 화장장으로 던져졌을 것으로

1945년의 아우슈비츠 강제수용소 기차역.

추측된다. 이러한 보복은 그가 강제수용소에 도착하는 것을 본 우치 게토 출신 유대인들의 '한 맺힌 요청' 때문이었다고 한다. 게토의 잔인한 유대인 경찰서장이었던 레온 로젠블라트도 유대인들에 의한 고문 끝에 살해당했다. 결국 자신을 위해 동족을 팔았던 게토의 폭군들은 이렇게 비참하게 죽어갔다. 룸코프스키의 부인과 형제도 강제수용소 도착 직후 가스실에서 사망했다.

룸코프스키는 동족을 살린다는 명분 아래 수많은 동족의 죽음을 방관했고 자신의 안위를 위해 타인들을 적극적으로 짓밟았다. 결국 인과응보로 그도 강제수용소에서 비참한 죽음을 맞고야 말았다. 룸코프스키의 변명대로라면 그는 환자를 살리기 위해 문제 있는 부위를 통째로 도려낸 의사였다. 하지만 그 주장을 인정하더라도 그는 환자가 불구가 되고 고통을 받는 데는 신경조차 쓰지 않았다. 그리고 모든 것이 시간의 문제였을 뿐 독일인들에게는 '게토의 왕'조차도 그저 처리해야 할 유대인 중 하나였던 것이다.

5장

민족주의 투쟁가

스스로의 행위가 변절이나 배반이라고
결코 생각하지 않았을 유형이다.
이들의 목적은 민족의 해방이나
독립이었고 이를 위해 어떤 세력과도
손을 잡는 데 주저하지 않았다.
이들에 대한 평가는 평가자에 따라
극단적으로 나뉜다.

수바스 찬드라 보스
인도의 독립운동가, 정치가

드라골류브 드라자 미하일로비치
유고슬라비아의 군인

스테판 반데라
우크라이나의 독립운동가, 정치가

적의 적은 나의 친구다

수바스 찬드라 보스

SUBHAS CHANDRA BOSE
(1897~1945)
인도의 독립운동가, 정치가

동부 인도의 상업 중심지인 콜카타(옛 이름 캘커타)는 상주인구 약 1400만 명에 달하는, 세계적으로도 손꼽는 규모의 도시이다. 이 거대한 메갈로폴리스의 관문은 바로 '네타지 수바스 찬드라 보스 국제공항'이라는 다소 긴 이름으로 불리는 곳인데 여느 나라들과 마찬가지로 자국의 유명한 정치가이자 독립운동가의 이름을 따서 명명하였다. 이 공항은 원래 1900년대 초에 '캘커타 에어로돔'이란 이름으로 개장했고 한때 유럽 국가에서 동남아의 식민지들로 향하는 길목에 위치한 중요한 항공 기착지였다. 2차 대전 때는 연합군의 폭격기들이 주둔하며 인도 국경으로 진군하려는 일본군을 압박했고, 인도가 독립한 이후에는 여러 차례 확장을 거듭하여 1995년에 국내 터미널을 신설하면서 현재의 이름을 갖게 되었다.

콜카타 국제공항의 이름 가장 앞에 붙은 '네타지'는 힌디어로 '지도자'라는 뜻이며, 그 뒤의 '수바스 찬드라 보스'는 기구하고도 다채로운 사연을 품은 인물의 이름이다. 그는 인도 독립의 영웅이지만 모한다스 간디(Mohandas Gandhi, 1869~1948)나 자와할랄 네루(Jawaharlal Nehru, 1889~1964)와는 달리 대영제국의 적과 협력하여 인도의 독립을 성취하려 했다. 그가 어떤 과정을 거쳐 이러한 선택을 했는지 알아보려면 우선 그가 태어난 19세기 말의 인도로 가볼 필요가 있다.

식민지의 엘리트 청년

찬드라 보스는 인도 동부 벵골의 쿠탁에서 1897년 1월에 태어났다. 그의 아버지인 자나키나트 보스(Janakinath Bose, 1860~1934)는 자수성가한 변호사이자 영국 식민지 정부의 지방 법무행정관이었다. 찬드라 보스의 가족은 엄청난 대가족이었고 그를 포함하여 무려 14명의 자녀가 있었다. 그는 전체에서 아홉째, 사내아이 중 여섯째로 태어났다. 그의 형 중에는 훗날 인도 독립을 위해 그와 함께 헌신하게 되는 사라트 찬드라 보스(Sarat Chandra Bose, 1889~1950)도 있었다.

그의 아버지는 자녀들의 교육을 위해 많은 신경을 썼고, 이들이 식민지 인도에서 받을 수 있는 최상의 교육을 받도록 적극적으로 후원했다. 찬드라 보스 역시 그의 형제들을 따라 쿠탁에 있는 기독교 유럽계 학교에 진학했다. 이곳은 당시 인도에 있던 영국인들의 자녀나 인도의 상류층들이 주로 다니던 학교였고 학교 수업도 영어로 이루어졌다. 기독교 학교답게 기본적으로 라틴어나 성경 등을 배웠고, 학생들은 엄격하고 절제된 생활 방식을 따르도록 훈육되었다.

보스의 부모는 이곳에서의 교육을 통해 그들의 자녀들이 완벽한 영국식 영어와 상류층의 매너, 인맥을 얻기를 기대했고 영국 식민 통치하의 인도에서 자기와 같은 현지인 엘리트로서의 길을 걷기를 원했다. 하지만 집에서 그들 가족은 철저히 벵골어를 사용했고, 그의 어머니는 인도의 신화 및 전설에 대한 다양한 이야기를 들려주었다. 이러한 교육과 가정환경을 통해 그는 서양 문화 및 언어에 익숙해지는 동시에 인도인으로서 정체성에도 눈을 뜨게 되었다.

시간이 흘러 상급 학교에 진학할 시기가 된 1913년에 그는 다시 한 번 자신의 형제들이 선택했던 콜카타의 명문교 프레지던시 칼리지로 진학하게 된다. 순탄했던 그의 학교생활은 1916년에 일어난 사건으로 급격한 반전을 맞는다. 내재된 '반골 기질'이 드러난 탓인지 수업 중 인도인에게 모욕적인 표현을 쓴 영국인 역사 교수에 대한 폭행 사건에 휘말린 것이다. 영국 식민 통치하의 인도에서 이 사건은 상당히 엄중하게 다뤄져 교내 조사위원회까지 구성되었는데, 보스는 폭행 가담자로 지목되어 퇴학 위기에 처했다. 이 사건으로 보수적인 그의 집안은 말 그대로 난리가 났고, 그의 아버지는 여러 인맥을 동원하여 그의 퇴학을 막아보려 했지만 그는 결국 학교에서 쫓겨나 콜카타 내 스코티시처치 칼리지에서 학업을 이어나가게 된다. 그는 이곳에서 1918년에 철학 전공으로 학사 학위를 받은 후 다음 진로를 고민하게 되었는데, 아버지의 조언을 수용하여 인도 식민지 고등 행정관 시험에 응시하고자 했다.

행정관 시험을 준비하기 위해 그는 1919년 10월 영국 런던으로 갔고, 곧이어 케임브리지 대학에 입학 허가를 받았다. 식민지 출신인 그가 이 시험에 합격한다면 식민지 인도에서 영국 지배의 조력자로서 출세해 많은 보상을 받을 수 있었으나, 시험에 합격하기는 그만큼 어려웠다. 타고난 두뇌와 노력으로 1920년에 1차 시험에 무난히 합격한 그는 2차 시험을 준비하며 인도 형법, 역사 및 언어 등의 수험 과목을 공부하게 된다.

하지만 인생의 도약을 눈앞에 둔 그의 마음에 심경의 변화가 일어나기 시작했다. 우선 당시 세계 최고의 선진국이었던 영국의 모습과 식민지 인도의 비참한 생활이 대비되었는데, 여기에 유색인종에 대한 차별 등이 더해져 그가 해야 할 일에 대한 깊은 고민에 빠지게 되었다. 더불어 영국의 식민지 행정관으로서의 안락하고 보장된 삶은 타고난 '반골이자 투사'인 그에게 맞지 않는 것이었다. 그는 영국에 머무는 동안 이러한 고민을 바탕으로 고향의 아버지나 인도의 지인들과 의견을 나누게 되었고, 마침내 행정관 시험을 포기하기로 결심했다.

1921년 6월 모든 것을 내려놓은 청년 찬드라 보스는 보장된 미래를 버리고 마침내 인도로 향하는 배에 올랐다. 24살의 식민지 출신 엘리트 청년이 이제 막 알을 깨고 세상으로 나아가려는 순간이었다. 그리고 그가 나아가려고 하는 세상은 독립에 대한 열망으로 가득 차 있었다.

정치계의 기린아

인도로 돌아온 찬드라 보스가 제일 먼저 한 일은 위대한 지도자인 간디를 만나는 것이었다. 당시 간디의 비폭력 불복종 운동은 인도를 넘어 국제적인 관심과 지원을 받고 있었다. 1차 대전 당시 영국은 전쟁에 승리하기 위해 대단히 절박한 상황이었고 인력이 많은 식민지 인도를 최대한 활용하려 했다. 그 결과 100만 명이 넘는 인도 군인들이 서부전선과 중동 및 아프리카에서 대영제국을 위해 싸웠고, 6만 명 이상이 전사했다. 인도인들은 이러한 희생을 통해 영국이 약속한 자치와 독립을 쟁취하고자 했다.

하지만 독립이라는 달콤한 말로 유혹했던 영국은 정반대로 회답하여, 1919년 4월 펀자브 지방에서 벌어진 암리차르 학살(영국군이 반영 시위대에 발포하여 1천여 명이 사망한 사건)과 같은 강압적인 통치로 일관했다. 일련의 과정을 통해 간디는 본격적인 반영 투쟁의 선봉에 섰고, 그가 선택한 것이 바로 비폭력 불복종 운동이었던 것이다.

이러한 상황에서 보스는 간디에게 큰 기대를 하고 있었으나, 간디와의 만남을 통해 오히려 실망감을 느끼게 되었다. 보스는 간디의 투쟁 방식에 인도 독립에 대한 구체적인 로드맵과 실행 방안이 결여되

간디와 담소를 나누는
찬드라 보스(1938년).

었다고 생각했다. 보스의 견해에 따르면 비폭력 불복종 운동에는 분명히 근본적인 한계가 존재했다. 그에게 있어 아무 대안 없는 무조건적인 비폭력 불복종 운동은 영국인들을 협상 테이블로 나오게 하기에는 대단히 미흡한 것으로 보였다. 보스는 영국과의 투쟁에 있어 보다 적극적이고 급진적이지만 '실질적인 방법'을 실행하고자 했다. 비록 그것이 폭력과 희생을 수반한다고 해도 말이다. 중요한 것은 영국인들이 상황의 심각성을 느끼고, 인도인들을 협상 상대로 여기게 만드는 것이었다.

한편, 이러한 보스의 열정을 눈여겨본 이도 있었는데 바로 동향인 벵골 출신의 치타란잔 다스(Chittaranjan Das, 1870~1925)와 같은 이들이었다. 변호사이자 인도국민회의의 일원이었던 다스는 보스와 같은 엘리트 유학파 출신의 능력 있는 젊은이들이 필요하였고 이들의 후원자로서 그들을 인도 민족주의의 길로 인도하였다. 이후 보스는 짧은 시간 안에 인도 정치계의 기린아로 떠올랐다. 1923년에 전 인도

청년회의 의장이 된 것을 필두로 언론 일에도 참여하고 1924년에는 콜카타 시장이 된 다스와 함께 콜카타 시정의 책임자가 되었다.

일련의 행보를 통해 그는 인도 정치계는 물론 영국 식민지 당국의 주목을 받게 된다. 1925년 영국 식민지 당국은 인도 민족주의자들에 대한 일제 단속을 실시했고, 보스는 지하 혁명조직과의 연관 혐의를 받아 결국 영국령 버마 만달레이의 감옥에 유폐되었다. 이후 출옥한 그는 1928년에 인도국민회의 연례 회의를 콜카타에서 개최하고 여기에서 이른바 '벵골의용군'을 조직해 그 지휘관으로서 역할을 수행했다. 보스는 이 자리에서 본인이 자체 제작한 화려한 군복까지 입고 나왔는데 이는 영국 식민지 당국에게 인도국민회의가 군대까지 보유한 사실상의 국가 조직이 되었다는 '무언의 압박'이 되었다.

하지만 벵골의용군은 여기서 멈추지 않았다. 보스가 옥중 당선되어 콜카타 시장이 된 1930년 이후 벵골의용군은 사실상 보스의 전위대로서 역할을 하게 된다. 간디의 비폭력 평화주의 노선과는 확연히 다른, 인도 독립에 대한 실제적인 행동이 시작된 것이다. 이들의 주요 목표는 인도인들에 가혹하게 대했던 영국 식민 통치의 주요 인물들이었다. 이들은 무장하기 시작했고 1930년 12월에는 콜카타 주정부 건물(Writer's building)에 난입해 인도인들을 박해했다고 여겨지는 영국 식민지 관리들을 사살하고 자신들도 목숨을 끊었다. 이것은 영국 식민지 당국에 대한 엄청난 도전이었고 1930년대 내내 계속될 저항의 신호탄이었다. 영국인들은 기존의 비폭력적이고 평화적인 간디와는 다른 부류의 인도인들이 등장한 데 내심 긴장하기 시작했고, 그 중심에는 바로 찬드라 보스가 있었다.

국제적인 명성을 얻다

영국 식민지 당국에 의한 체포와 감금을 반복한 보스는 폐병으로 고생하고 있었고 병보석을 허가받아 1933년 3월 오스트리아 비엔나로 떠났다. 겉으로는 병 치료를 이유로 인도를 떠나는 모양새였지만 사실상의 정치적 망명이었고 영국 당국에게는 가장 큰 골칫거리 하나가 사라진다는 것을 의미했다. 그는 이곳 비엔나를 본거지로 인도 독립운동을 유럽인들에게 널리 알리려 했고 자신을 마치 인도 망명정부의 대사와 같은 존재로 생각하고 있었다.

그는 유럽에 머무는 동안 인도 독립운동의 주요 이정표를 정리한 책인《인도의 투쟁(The Indian Struggle)》을 썼는데 이 책이야말로 인도 독립에 대한 지금까지의 활동 및 향후 그가 생각한 방향을 집대성한 것이었다. 그의 책은 유럽에서는 식자층의 주목을 받았지만 정작 조국인 인도에서는 영국 식민지 당국에 의해 1948년 독립 때까지 금서로 지정되었다. 그는 이 책을 집필하면서 에밀리 셴클(Emilie Schenkl, 1910~1996)이라는 오스트리아 여성을 비서로서 고용해 타이핑 및 정서에 도움을 받았는데 둘은 일을 함께하는 과정에서 사랑에 빠졌다. 이들은 이후 1937년 비밀리에 결혼했고, 훗날 둘 사이에 딸이 한 명 태어났다.

1934년 말에 보스는 아버지가 위독하다는 소식을 듣고 잠시 인도에 귀국하였다. 아버지의 죽음 이후 그는 잠시라도 그가 인도에 머무르는 걸 못마땅하게 생각한 영국 식민지 당국을 피해 정신적인 아지트인 오스트리아로 돌아왔다. 인도에서 오스트리아로 오는 도중 그는 이탈리아 로마에 들러 파시스트 독재자 베니토 무솔리니를 만났고, 자신의 저서인《인도의 투쟁》을 전해주며 인도인들의 독립에 대

찬드라 보스(가운데)와 아내 에밀리 솅클(오른쪽).

한 강한 열망을 전하려 힘썼다. 1937년에는 알프스산맥 산자락의 바
트 가슈타인에서 그의 자서전이라 할 수 있는《인도인 순례자(An Indi-
an Pilgrim)》를 저술했다. 유럽에서의 생활을 통해 보스는 건강을 회복
했고 인도 독립의 열망을 유럽의 '오피니언 리더'들에게 전했을 뿐만
아니라 찬드라 보스라는 인물의 국제적인 위상을 강화했다. 더불어
사랑하는 사람까지 얻게 되었다.

　1938년 1월, 보스는 인도국민회의의 차기 의장으로 선출되었다.
인도로 귀국한 그는 대영제국에 대한 반제국주의 투쟁을 벌일 것을
분명히 했는데 여기에는 '폭력의 사용'도 포함되었다. 하지만 이는 비

폭력주의자인 간디에 대한 명백한 도전이었고 심지어 그의 편이었던 네루마저 그와 등을 돌리게 만들었다. 결국 그는 전인도전진동맹(All India Forward Bloc)이라는 사회주의 정당을 만들고 이들과 결별했다. 이제 인도의 독립 투쟁을 위해 오로지 그 혼자 서야 할 시간이 온 것이었다.

적의 적은 나의 친구

1939년 9월 독일과의 전쟁이 시작되자 당시 인도 총독은 종주국인 영국을 따라 독일에 전쟁을 선포했다. 이것은 보스를 비롯한 여러 인도인들의 거센 항의를 받게 된다. 인도국민회의 측에 대한 사전 동의나 양해를 구하지 않았기 때문이다. 보스는 즉각 콜카타에서 대규모 반영 항의 집회를 지시했다. 하지만 전시하의 영국 식민 당국은 거칠 것이 없었고 보스는 즉각 투옥되었다. 감옥 내에서 단식 투쟁을 주도하기도 한 그는 일주일 만에 석방되었지만 사실상 가택 연금 상태에 놓이게 되었다. 전시하의 인도는 그에게 더 이상 투쟁에 적합한 장소가 아니었다.

그는 1941년 1월 17일 야밤에 허름한 옷차림으로 변장을 한 후 몰래 집을 빠져나와 기차를 타고 인도 북부로 향했다. 이후 그는 오늘날 파키스탄의 페샤와르로 이동했는데, 현지 언어를 전혀 몰랐기 때문에 벙어리인 척 위장하여 아프가니스탄 국경을 넘었다. 국경을 넘은 후 사전 교감이 있었던 독일 대외정보국의 지원을 받아 소련으로 입국한 뒤 현지 독일 대사관이 마련한 특별 항공편으로 종착지인 독일에 도착했다(이때까지만 해도 독일과 소련은 불가침 조약을 맺은 우방이었다).

드디어 그가 구상해 오던 대영제국에 대한 실질적인 무장 독립 투쟁이 구체화되려는 순간이었다.

1941년 4월 초 독일에 도착한 보스는 나치 당국의 특별한 관심 속에 외교부 내 인도특별사무국 소속으로 제반 지원을 받게 된다. 이 조직은 보스의 제안으로 설립된 곳이었다. 그는 대영제국에 반대하는 많은 인도인들을 통한 투쟁이 가능하다고 독일 당국을 설득했고, 그에 대한 지원책으로 마련된 곳이 바로 이 인도특별사무국이었다. 베를린에 도착한 보스의 행보에는 거침이 없었다. 외무장관 요아힘 폰 리벤트로프를 비롯한 나치 지도자들에게 대영제국을 무너뜨릴 그의 구상을 열정적으로 전달했다. 그리고 마침내 1941년 5월에 자유인도군단(Legion Freies Indien)이 창설되며 그 결실을 보게 된다. 그가 인도의 독립을 위해 활용할 수 있는 실질적인 무기를 마련한 것이었다.

자유인도군단의 창설과 한계

자유인도군단(독일군 정식 편제상으로는 '제950보병연대')은 초기에는 독일에 거주하고 있던 인도인 학생이 주축이 되었다. 하지만 전쟁이 진행됨에 따라 북아프리카 전선에서 포로가 된 영연방군 소속 인도인들이 다수를 점하게 되었다. 최초의 인원들은 토브루크 전투에서 포로가 된 인도군이었는데 독일은 이중 선발된 인원을 독일로 이송했고, 마침내 이들은 보스와 만나게 되었다. 지원자가 늘어남에 따라 독일은 이들의 베이스캠프로 작센의 쾨니히스브뤼크를 낙점했고 본격적인 훈련에 돌입하였다. 자유인도군단 소속임을 나타내는 호랑이가 들어간 방패 문양이 이들의 상징이었다. 당시 유럽에는

프랑스 남서부 해안에 배치된 자유인도군단을 사열하고 있는 로멜(오른쪽에서 세 번째).

1만 5000여 명의 인도군 포로가 있었는데 최종적으로 30% 정도인 4500여 명이 이 자유인도군단에 가입했다. 독일 당국은 1942년 1월에 부대의 창설을 공식적으로 발표했고, 독일 정부가 인도의 자유와 독립을 적극적으로 후원할 것임을 대내외에 선전했다.

이후 1942년 여름 동부전선의 독일군은 소련의 캅카스 및 스탈린 그라드를 향해 쾌속 진군하고 있었으며 북아프리카의 로멜 장군 휘하 아프리카 군단도 영국군을 동쪽으로 밀어붙이며 수에즈 운하를 점령할 기세였다. 독일군이 다가오자 이집트 카이로의 사람들은 패닉에 빠졌고 문서 태우는 연기가 사방에 가득했다. 이러한 전쟁의 추이에 따라 보스가 바라던 독일군과 연합한 인도 진공이 곧 실현될 것처럼 여겨졌다. 하지만 11월에 북아프리카 엘 알라메인에서 아프리카 군단이 패퇴하고, 스탈린그라드의 독일 제6군이 소련군의 천왕성 작전으로 역포위되면서 전쟁의 양상이 정반대로 바뀌었다. 상황이 이렇게 되다 보니 보스가 간절히 원하던 인도 진공은 말도 꺼내기 힘들어졌고 실제로도 불가능할 듯 보였다. 그로서는 결단이 필요한 시기였다. 주독일 일본 대사인 오시마 히로시(大島浩, 1886~1975)는 이러한 일련의 상황에 주목하고 있었다.

독일군이 유럽 및 아프리카 전선에서 수세에 몰린 이 시기에 동쪽의 태평양에서는 또 다른 상황이 벌어지고 있었다. 이미 1942년에 태평양 및 동남아시아 대부분을 석권한 일본군이 버마까지 점령하며 조국인 인도의 코앞까지 진군해 있었다. 비록 1942년 6월에 일본 연합함대가 미드웨이에서 항공모함 네 척을 잃는 패배를 당하긴 했지만 아직 전세가 뒤바뀌었다는 인식은 크지 않았고, 여전히 미국과 일본 양국은 오스트레일리아와 가까운 과달카날섬에서 사투를 벌이고 있었다. 보스의 입장에서 보면 독일군은 조국 인도에서 수천 킬로미터 떨어져 있었고 일본군은 인도 국경 근처에 있었다. 이제 그가 가야 할 길은 분명해졌고 보스는 추축국과의 협의를 통해 아시아로 갈 것을 결심했다. 1943년 2월 보스는 독일 잠수함을 타고 아프리카의 희망봉을 돌아 아프리카 동부의 마다가스카르 앞바다에 도달했다. 그는 이곳에서 미리 대기하고 있던 일본군 잠수함 I-29호에 탑승했고, 또 하나의 도박에 자신의 운명을 걸게 되었다.

한편, 독일에 남아 있던 자유인도군단은 유럽에서 딱히 전투에 투입되는 일 없이 네덜란드 및 프랑스의 대서양 방벽을 방어하는 임무만 수행하게 되었는데, 결국 전후 연합군 측에 체포되고 인도로 송환되어 반역에 대한 재판을 받게 된다.

5장 민족주의 투쟁가

인도국민군을 사열하고 있는 찬드라 보스.

자유인도 임시정부의 수반

일본 잠수함을 통해 원거리 항해를 한 보스는 1943년 7월에 싱가포르에 도착했다. 그는 기존에 구성되었다가 사실상 와해되어 버린 인도국민군(Indian National Army)의 통수권을 인정받아 이를 재건하기 위해 노력했다. 인도국민군은 전쟁 초기인 1941년 12월에 말레이 전선에서 일본군에 포로로 잡힌 영국군 소속 인도군 장교 모한 싱을 중심으로 구성되었다. 그는 일본군 정보기관 출신의 후지와라 이와치 소좌에게 포섭되어 싱가포르에서 포로로 잡힌 인도군에게 인도국민군에 가입하도록 권유했다. 하지만 인도군을 그저 일본군의 총알받이로 쓰려는 일본군의 의도가 드러났고, 결국 1942년 12월에 1차 인도 국민군은 사실상 해체되었다. 이러한 와중에 보스가 싱가포르에 도착한 것이다.

유명한 정치가인 보스가 도착하자 상황은 바로 바뀌게 된다. 1차 인도국민군에 가입하지 않았던 포로들 및 싱가포르 내 인도 민간인들까지 적극적으로 인도국민군에 가입하기 시작한 것이었다. 2차 인도국민군은 대략 4만 명으로 추산되었는데 보스, 간디, 네루 등 독립운동가의 이름을 딴 3개의 여단과 '아자드(자유)'라 불리는 1개 여단까지 총 4개의 여단과 기타 부대 등으로 구성되었다. 부대 중에는 거의 전원이 여성으로 구성된 '라니 잔시(인도의 반영 투쟁 여성 지도자의 이름을 따 명명되었다)' 연대도 있었는데 주로 동남아 거주 인도인 여성으로 구성되었고 전투 임무도 기꺼이 수행했다.

보스의 다음 목표는 인도인의 정부를 세우는 것이었다. 1943년 10월에 비록 인도 본토는 아니지만 싱가포르를 거점으로 자유인도임시정부를 수립했다. 이 임시정부는 독일, 일본, 무솔리니의 살로 공화국, 만주국 및 크로아티아 등 추축국 편에 있는 국가들로부터만 인정을 받았다. 당시 일본이 점령한 인도 동부의 안다만제도를 형식상임시정부 영토에 편입했지만 실권은 없는 명목상의 영토였다. 더불어 고유의 사법제도, 화폐 및 우표 등도 발행하여 적어도 겉으로는 정부로서의 면모를 과시하려 했다.

1943년 11월 보스는 일본 도쿄에서 열린 대동아회의에 참석해 비슷한 꼭두각시 정권들의 지도자들과 만나게 된다. 중국 남경 정부의 왕징웨이, 만주국의 장징후이 그리고 필리핀의 호세 라우렐 등이었다. 비시 프랑스와의 관계를 고려해서 프랑스령 인도차이나 대표들

5장 민족주의 투쟁가

대동아회의에 참석한 주요 인물들. 왼쪽부터 바 마우(버마), 장징후이(만주국), 왕징웨이(난징 국민정부), 도조 히데키(일본), 완 와이타야쿤(태국), 호세 라우렐(필리핀), 찬드라 보스.

은 초청되지 않았다. 일본은 소위 대동아공영권을 내세워 서구 제국 주의에 대항해 아시아 민족들이 투쟁하고 자주독립을 쟁취하자고 소리 높이고 있었지만 현실은 서구 열강의 자리를 일본이 대신하고자 하는 것일 뿐이었다. 겉으로 이야기는 안 했지만 보스나 여타 국가 대표들도 이러한 현실을 알고 있었고 다만 자신의 독립과 이익을 위해 서로를 이용할 뿐이었다. 그리고 얼마 지나지 않아 보스가 꿈꾸었던 영국령 인도로의 진군을 실현할 절호의 기회가 찾아왔다.

패배 그리고 종말

1944년 3월 일본군은 '우호 작전'을 개시하며 인도 동부 마니푸르 지방의 임팔과 코히마를 향해 진격하기 시작했다. 임팔, 코히마는 인도 동부와 중국을 연결하는 축선상에 위치해 있다. 당시 대부분의 해안선과 육상 보급로가 일본군에 장악당한 중국의 입장에선 동부 인도를 통한 항공 수송은 중국을 외부와 연결하는 유일한 생명선이라 할 수 있었다(험준한 히말라야산맥을 넘는 수송 코스는 연합군 비행사들에게 극히 위험했다). 즉 이 지역을 점령하면 중국을 외부로부터 완전히 차단하는 한편, 인도의 벵골 지방으로 진군할 발판을 마련할 수 있었다. 작전이 성공만 한다면 일본은 인도를 해방한다는 명분도 쌓고 이후 전력을 동쪽의 미군에 집중할 수 있다는, 겉보기에는 그럴 듯한 구상이었다.

연합군에게 다행이었던 것은 주공인 일본군 제15군 총사령관이 무모하기로 소문난 무타구치 렌야(牟田口廉也, 1888~1966)였다는 점이다. 노구교 사건으로 중일 전쟁을 촉발한 장본인이었던 그는 '보급은 현지에서 해결한다'는 처음부터 말도 안 되는 계획 아래 작전을 개시했다(사실 무타구치는 싱가포르 점령 당시 막대한 양의 영국군 보급품을 취했던 경험이 있었다. 이 달콤한 경험이 훗날 독이 되었던 것이다). 문제는 보스의 인도국민군이 이 일본군의 일원으로 참전한 것이었다. 인도국민군은 드디어 조국으로 진군한다는 사실에 많은 기대를 했고 사기도 높았으나 막상 친드윈강을 건너 진군하고 보니 해당 지역은 빽빽한 정글과 세계 최고 수준의 습도 및 강우량을 자랑하는 곳이어서 자연환경 자체가 이들에게 거대한 장애물이 되었다. 또한 보급 및 물품 운반을 위해 동원한 소와 말들이 험난한 행군 중 하나둘 쓰러지기 시작했는

5장 민족주의 투쟁가

데 이는 병사들이 직접 보급품을 힘들게 운반해야 함을 뜻했다.

이러한 가운데 식량이 바닥나 일본군과 인도국민군은 하루하루 쇠약해지고 있었다. 공세는 처음부터 삐걱거리기 시작했으며 제공권과 화력을 장악한 연합군의 맹공 앞에 일본군과 인도국민군은 여지없이 무너지기 시작했다. 이들은 영국군 수송기가 잘못 투하한 식량이나 보급품을 소위 '짜찌루 급여('처칠'의 일본식 발음)'라 부르며 자신의 주변에 떨어지기만 바라는 비참한 신세로 전락했다. 시간이 흘러 6월 말이 되자 일본군은 문자 그대로 뼈와 가죽만 남아 겨우 목숨만 부지하는 상황이 되었는데 총 사상자는 무려 6만 명이 넘었다. 임팔-코히마 전투는 그때까지 일본군 사상 최대의 패배였고 인도 본토 공략에 실패한 보스에게도 뼈아픈 좌절로 다가왔다.

이후 인도국민군은 버마 일대에서 일본군을 지원하며 버텼는데 1945년 5월 버마의 랑군이 연합군에 점령된 이후에는 보스의 자유인도 임시정부와 함께 사실상 활동을 마무리하며 태국의 방콕으로 후퇴했다. 이곳까지 이동한 그의 휘하 병력은 전성기의 10분의 1도 채되지 않았으며 5월 8일에는 독일의 항복 소식을 듣게 된다. 이제 일본이 무너지는 것은 시간문제였다. 이후 8월 9일 소련군의 대일 참전, 그리고 엿새 후 일본의 무조건 항복 소식을 들은 그는 과거 제휴를 모색했던 소련으로 가 반제국주의 및 반영 투쟁을 계속하려는 생각을 품고 8월 16일에 싱가포르를 떠났다. 그는 중간에 프랑스령 인도차이나의 사이공(지금의 베트남 호치민)에 들러 여기서 일본 남방군 총사령관인 데라우치 히사이치 원수를 접견했다. 그는 데라우치에게 소련으로 갈 수 있도록 지원해 줄 것을 요청했고 보스와 인간적인 교분이 있었던 데라우치는 항공편을 준비해 주었다. 보스를 태운 미쓰비

찬드라 보스의 유골이 안치된
일본의 절 렌코지에 세워진
그의 흉상.

시 Ki-21중폭격기는 사이공을 출발해 다이호쿠(지금의 대만 타이베이)
에 기착했다. 그리고 중국의 다롄, 최종적으로는 만주를 목표로 출발
했지만 이륙 직후 기체가 화염으로 휩싸이며 폭발한다.

　당시 목격자들에 따르면 보스는 몸에 3도 화상을 입고 온몸을 붕
대로 감은 상태에서 사망했다고 한다. 그의 시신은 곧 화장되었는데
9월 초 한 일본군 장교에 의해 도쿄로 옮겨졌고 최종적으로 도쿄의
사찰인 렌코지(蓮光寺)에 안치되었다. 워낙 극적인 인생을 살다 가서

　　　　　　　　　　　　　　　　　　　　5장 민족주의 투쟁가

인지 그의 죽음에 대해서는 여러 가지 설이 있으며 심지어 생존했다는 소문까지 돌았으나 대부분 거짓으로 판명되었다. 그와 함께 인도 국민군에 참여했던 병사 및 장교들은 조국인 인도에서 재판을 받았는데, 영국이 인도의 식민 통치를 끝내려 하는 정치적 상황과 인도인들의 동정적인 여론이 더해져서 대부분 처벌받지 않았다. 인도의 초대 총리가 되는 네루는 전쟁 중에는 영국의 전쟁 수행을 적극적으로 지지했지만 역설적이게도 재판에서는 이들의 변호를 맡았다.

찬드라 보스는 비록 그릇된 편을 선택했지만 여전히 많은 인도 국민들에게 독립의 영웅으로 기억되고 있다. 이들에게 간디의 비폭력 불복종 운동과 보스의 무장 투쟁은 모두 자랑스러운 인도 독립운동의 일부이다. 만일 보스가 현대 인도에 살아 있다면 그는 과연 어떤 선택을 할까? 하나 분명한 것은 그는 조국 인도의 이익을 위해 '적의 적은 나의 친구'라는 실용적 명제를 충실히 따르리란 것이다. 비록 상대가 과거의 적일지라도 말이다.

방랑하는 세르비아인

드라골류브 드라자 미하일로비치

DRAGOLJUB DRAŽA MIHAILOVIC
(1893~1946)
야고슬라비아 군인

코로나가 한창 기승을 부리던 2021년 3월, 보스니아-헤르체고비나 북동부에 위치한 비엘리나에서는 다소 기묘한 논쟁이 벌어지고 있었다. 크로아티아와 세르비아 국경에 가까운 이 도시에 한 인물의 흉상을 설치하는 것을 두고 시 전체가 극단적으로 양분된 것이었다. 결국 의회의 최종 표결에서는 흉상을 설치하는 것으로 결정되었지만 보스니아계를 중심으로 한 반대 및 비난 여론이 한동안 끊이지 않았다. 보다 못한 시장은 이 결정이 이미 시청의 승인을 받았으며 의회의 표결도 거쳤으니 절차상 문제가 없다며 반대 의견을 일축했다.

논쟁의 중심이 된 흉상의 주인공은 옛 유고슬라비아 왕국 시절의 군인인 드라골류브 드라자 미하일로비치라는 인물이었다. 그는 세르비아 출신으로 두 차례의 세계대전에 참전한 이력을 가지고 있었다. 그런데 왜 세르비아계 군인의 흉상이 보스니아의 도시에 세워졌으며, 왜 주민들 사이에 격렬한 논쟁을 불러일으켰을까? 이러한 상황을 이해하려면 복잡하고 험난했던 유고슬라비아의 현대사를 정확히 파악해야 한다. 뭉친 실타래 같은 역사를 풀어나가다 보면 왜 유고슬라비아가 지금처럼 수많은 나라로 분리되었는지 이해할 수 있다. 그리고 지금부터 설명하고자 하는 드라자 미하일로비치야말로 이러한 역사를 압축해 보여주는 대표적인 인물이라 할 수 있다.

민족주의에 눈뜨다

드라골류브 드라자 미하일로비치는 1893년 4월 세르비아 중서부의 이바니차에서 태어났다. 지역 관공서 서기였던 그의 아버지는 그가 태어난 직후 결핵으로 사망했고 6세 때는 어머니마저 잃게 된다.

그와 두 여동생은 수도 베오그라드에서 직업군인으로 일하고 있던 삼촌들에게 보내졌고 그곳에서 양육되었다. 당시 세르비아는 1878년 베를린 조약을 통해 거의 500년 동안 지속된 오스만 제국의 지배에서 벗어나 국제적으로 독립국의 지위를 인정받은 지 얼마 안 된 상황이었다.

또한 이때는 북쪽의 오스트리아-헝가리 제국이 슬라브 세력에 대항해 남쪽으로 팽창하는 시기이기도 했는데 세르비아는 이에 맞서는 슬라브 국가들의 최전선에 있었다. 더불어 세력이 약해졌다고는 하지만 과거 이 지역의 맹주로 군림했던 오스만 제국이 세 대륙을 호령했던 과거의 영광을 되찾기 위해 호시탐탐 기회를 노리고 있는 등 주변의 국제 정세는 불안하기만 했다. 어린 미하일로비치는 이러한 신생 국가 세르비아의 상황 및 군인인 삼촌의 영향을 받아 사관학교 진학을 꿈꾸게 되었고, 조국을 위해서 기여하겠다는 강한 민족의식을 가지고 성장했다.

또래 중 유달리 총명했던 그는 17세가 되던 1910년 10월 베오그라드의 육군사관학교에 입학하게 된다. 사관생도로서 학업을 이어가던 중 조국 세르비아에 전운이 드리운다. 입학 2년 후인 1912년 가을, 숙적 오스만 제국과의 제1차 발칸 전쟁이 일어난 것이다. 그의 입장에서는 마침내 조국 세르비아를 위해 한 몸 바쳐 기여할 수 있는 때가 찾아온 것이었다.

전선의 열혈 청년

19세기 말 이후 세르비아, 불가리아를 비롯한 발칸반도의 여러 국가들은 오스만 제국의 지배에서 벗어났다고는 하나 여전히 장기간의 압제에 트라우마를 가지고 있었다. 이러한 두려움이 깨지게 된 계기가 바로 1911년의 이탈리아-오스만 전쟁이었다. 오스만 제국은 이 전쟁에서 패하며 리비아 등 북아프리카 영토를 이탈리아에 넘겨주었다. 과거의 맹주가 무력하게 쓰러지는 모습을 본 발칸반도의 여러 나라들은 기회를 놓치지 않았다. 세르비아, 그리스, 불가리아 등이 주축이 되어 오스만 제국에 전쟁을 선포했고 이렇게 제1차 발칸 전쟁이 발발했다.

미하일로비치는 사관생도로서 전쟁에 참전했는데 처음에는 대대급 부대에서 부관으로 근무하다가 이후 정예 부대인 다뉴브 사단에 배치되어 마케도니아 전선에서 싸우게 되었다. 그는 쿠마노프 전투, 비톨라 전투 및 에디르네 포위전에 참전하며 용맹을 유감없이 떨쳤고 무공 은장을 수여받았다.

제1차 발칸 전쟁은 1913년 5월의 런던 조약을 통해 오스만 제국의 패배로 막을 내렸는데, 이후 승전국들 사이에 영토 배분을 두고 분열이 일어나 바로 다음 달인 6월에 제2차 발칸 전쟁이 일어났다. 세르비아는 그리스, 루마니아와 함께 불가리아에 대항하여 싸웠는데 미하일로비치 역시 참전했다. 이번에는 모라비아 사단으로 전출되었고 보병중대의 지휘관으로 전투에 참여했다. 그는 마케도니아의 코차니 전투에서 부상을 입어 전선으로부터 후송되었다.

미하일로비치와 같은 열혈 애국자들의 활약 덕분으로 불가리아는 무릎을 꿇었고 제2차 발칸 전쟁 역시 막을 내렸다. 전쟁 중 소위로 진급한 미하일로비치는 그의 생도 동기들과 함께 조국을 지켜냈다는 자부심으로 충만했지만 그와 조국 세르비아 앞에 더욱 큰 시련이 다가오고 있었다. 당시 정치가들이 "모든 전쟁을 끝낼 전쟁"이라 불렀던 '대전쟁', 즉 제1차 세계대전이 시작된 것이었다.

1차 대전에서의 활약

1914년 6월 28일 보스니아-헤르체고비나의 사라예보에서 세르비아 민족주의 비밀 결사인 '검은 손'의 가브릴로 프린치프에 의해 오스트리아-헝가리 제국의 프란츠 페르디난트 대공 부부가 암살당하고, 1차 대전이 시작되었다. 미하일로비치는 세르비아 제3군 휘하의 드리나 사단 소속으로 남진하는 오스트리아군에 대항해 싸웠다. 그는 1914년 8월에 베오그라드 서쪽의 세르산(山) 전투에 참가해 최전선을 지키며 분전했지만 세르비아군은 상대적 우위에 있던 오스트리아군에 밀리며 11월까지 후퇴를 거듭하게 되었다.

전쟁의 전환점은 매서운 바람이 날리는 11월, 세르비아 서부에서 있었던 콜루바라강 전투였다. 미하일로비치는 이곳에서 최선봉에 서서 적극적으로 전투에 임했고, 적을 막아내는 데 크게 기여해 이때의 무공으로 무공 금장을 수여받았다. 이후 오스트리아군의 공격이 주춤하면서 전선은 당분간 소강상태에 빠지게 되었다.

하지만 오스트리아의 동맹인 독일이 명장 아우구스트 폰 마켄젠 원수가 지휘하는 독일군을 세르비아 전역에 본격적으로 투입하면서 전쟁은 새로운 양상을 맞았다. 1915년 10월 5일 독일군은 오스트리아군과 함께 50만의 병력으로 세르비아 북부 지방을 공격했고, 곧이어 수도인 베오그라드를 점령했다. 세르비아군은 코소보에서 격렬히 저항했지만 독일-오스트리아 동맹군과 전력 차를 보이며 밀리고 있

5장 민족주의 투쟁가

1914년 6월 28일 암살 직전의 프란츠 페르디난트 대공 부부.

었고, 불가리아군이 동쪽과 남쪽에서 공격을 해와 연합군인 그리스
와의 연결로가 단절되었다.

국왕인 페타르 1세(Petar I, 1844~1921)를 포함한 세르비아군 및 정부
인사들에게 남은 선택지는 남서쪽의 알바니아를 가로질러 아드리아
해의 안전한 항구로 철수하는 것이었다. 말이 쉬워 철수지 알바니아,
몬테네그로의 험준한 겨울 산속을 적의 공격과 영하 25도 이하의 혹
한 속에 최소한의 식량만 가지고 돌파해야만 하는 극한 상황이었다.
세르비아 역사가들은 이 혹독했던 탈출을 예수가 십자가형을 당한 언
덕에 빗대어 '알바니아 골고다'로 부른다. 철수 도중 생존을 위해 대
부분의 중화기가 유기되었는데, 미하일로비치는 오스트리아군으로
부터 노획한 몇 정의 중기관총들을 끝까지 버리지 않고 철수하였다.

알바니아의 산악지대를 넘어 탈출하고 있는 세르비아군(1915년).

　최종적으로 15만 명 이상의 세르비아군 및 피난민이 탈출에 성공
했지만 탈출 도중 혹한과 굶주림으로 7만 명 이상이 목숨을 잃었다.
생존자들은 인근의 그리스 코르푸섬 등에서 휴식 및 재편을 한 후 배
편으로 동쪽의 그리스 테살로니키로 이동했고 이곳에서 연합군의 일
원으로 싸우게 되었다.
　미하일로비치는 테살로니키 전선에서 기관총 부대를 지휘했는데,
전투 중 부상을 입으면서도 절대로 후방으로 이송되기를 원치 않았
다. 1918년 초에는 그의 기관총 부대와 함께 신설된 유고슬라비아 사
단에 배속되어 전투에 참여했다. 유고슬라비아 사단을 위시한 세르
비아군은 적군에 대한 강렬한 복수심을 바탕으로 독일군, 불가리아

군을 상대로 지속적인 압박을 가하였고 1918년 9월 공세를 통해 적 전선을 붕괴시켰다. 조국이 있는 북쪽으로 진군을 계속하던 세르비 아군은 같은 해 11월 1일에는 마침내 불굴의 수도인 베오그라드를 독일군으로부터 해방하였다.

엘리트 장교가 되다

전쟁이 끝났지만 세상은 그다지 평화로워지지 않았다. 미하일로비 치는 군에 남아 혼란스러운 조국을 위해 계속 복무했는데 그 사이에 세르비아는 주변의 슬라브계 나라들과 연합하여 명칭이 유고슬라비 아 왕국으로 바뀌었다. 전쟁 영웅이자 사관학교 때부터 선두 그룹에 속했던 미하일로비치는 상관의 추천으로 1919년에 왕실근위대에서 근무하게 된다. 이후 착실히 진급을 거듭하며 1925년에는 소령 계급 장을 달았고 이후 최고의 엘리트 장교로 선발되어 당시 육군 최강국 이던 프랑스의 생시르 육군사관학교에 위탁 교육을 받기도 했다.

그는 이러한 경력 덕에 전쟁성의 주목을 받아 참모본부에서 근무 한 후 1935년에는 옛 숙적인 불가리아에 무관으로 파견되었다. 프랑 스어, 영어 등 외국어에 소질이 있었던 그는 불가리아어 또한 익혔고, 현지 고급 장교들로 구성된 슬라브 민족주의 단체 회원들과 어울렸 다. 이들은 유고슬라비아와 불가리아, 알바니아 등 남유럽 전체를 유 고슬라비아를 중심으로 한 하나의 국가로 묶으려는 이상을 품고 있 었다. 그의 이러한 행동은 불가리아 당국의 의심을 샀고, 곧 본국으 로 추방되었다. 하지만 상부의 인정을 받았던 그는 곧바로 체코슬로 바키아에 무관으로 다시 발령받았고, 1년간 현지에서 주재했다. 대령

체코슬로바키아
주재무관 시절의
미하일로비치(1937년).

으로 진급한 그는 1937년에 조국으로 돌아왔는데 주로 슬로베니아의
류블랴나, 세이예 등지에서 연대급 부대의 지휘관으로 근무했다.

  하지만 이렇게 승승장구하던 그에게도 어두운 그림자가 드리우
게 된다. 미하일로비치가 당시 육군장관이던 밀란 네디치(Milan Nedić,
1877~1946)에게 방어선을 새로 옮기는 것을 골자로 한 수정된 방위 계
획과 민족별 부대 구성을 포함한 제안서를 제출했는데, 이것이 기존
안에 집착하는 네디치의 극렬한 분노를 야기한 것이었다. 또한 유고
슬라비아군 고위 장교로서 히틀러에 대한 반대 의견을 공공연히 표

한 것이 독일 대사의 귀에 들어가 외교적 마찰도 불러일으켰다. 지금까지 그는 세르비아-유고슬라비아의 엘리트 군인으로서 많은 고난과 역경을 겪어왔지만, 이전보다 훨씬 더 험난한 파도가 몰려오려 하고 있었다.

무너진 조국

1941년 봄 히틀러는 그의 정복 계획 중에서도 가장 중요한 소련 침공을 목전에 두고 있었다. 비록 지난해의 영국 항공전에서 굴욕을 맛보긴 했지만 그는 프랑스의 대서양에서부터 동부 폴란드의 비스와강까지 제패한, 명실상부한 유럽의 지배자였다. 당시 독일의 침공을 받지 않은 헝가리, 불가리아, 루마니아 등 남부 유럽 국가들은 히틀러의 기세에 눌려 사실상 위성국으로 전락했다.

유고슬라비아도 예외는 아니어서 당시 18세인 국왕 페타르 2세(Petar II, 1923~1970)를 대신하여 섭정을 한 파블레 왕자가 1941년 3월 25일에 독일과의 동맹에 가입했다. 하지만 1차 대전 당시 독일 및 오스트리아와 적군으로 4년을 맞서 싸운 유고슬라비아 국민들 사이에는 동맹에 대한 상당한 반감이 존재했다. 이것은 상당수가 반독일파인 유고슬라비아군 장교들에게는 말할 것도 없었다. 파블레 왕자의 주도로 추축국 동맹에 가입한 지 불과 이틀 만인 3월 27일, 군 참모총장인 두산 시모비치를 중심으로 반독 친영 쿠데타가 일어났고 순식간에 성공했다.

반독 쿠데타를 이끈 세력은 젊은 국왕인 페타르 2세를 전면에 내세웠고, 섭정이자 친독파인 파블레 왕자는 물러나게 되었다. 더불어 독일 외교관이 일반인들의 면전에서 모욕을 당하고 나치의 깃발인 하켄크로이츠가 훼손되는 등 유고슬라비아 국민들의 반독일 정서가 봇물 터지듯이 표출되고 있었다.

유고슬라비아의 반독 쿠데타 소식을 들은 히틀러는 개인적으로 배신을 당한 것처럼 엄청나게 분노했다고 한다. 다민족 모자이크 국가인 유고슬라비아의 운명은 이미 결정된 것이나 다름없었다. 히틀러는 즉각적으로 독일 및 주변 동맹국들의 군대를 동원하여 유고슬라비아를 쓸어버릴 계획을 세웠다. 더불어 지난해부터 동맹국인 이탈리아와 싸우고 있던 그리스도 굴복시킬 심산이었다. 이러한 일련의 작전을 통해 소련 침공이 다소 지연되더라도 배후의 위협을 확실히 제거하고, 배신에 대한 복수를 하고자 했다.

마침내 독일과 동맹국들은 1941년 4월 6일에 유고슬라비아 및 그리스 침공을 개시했다. 공격의 신호탄은 괴링의 독일 공군이 쏘아 올렸는데, 수도인 베오그라드를 철저히 파괴하기 위해 네 차례에 걸친 공습을 실시하였다. 이 공습으로 베오그라드의 발전소, 통신시설 등 주요 기반시설과 및 군사시설 등이 공격을 받았고 무엇보다도 국립도서관이 전소되어 중세시대부터 수집된 세르비아 역사의 소중한 책들이 잿더미가 되었다.

육지에서는 막시밀리안 폰 바익스의 제2군, 빌헴름 리스트의 제12군 및 에발트 폰 클라이스트의 제1기갑집단 등 독일군 최정예 부대들이 이탈리아, 헝가리군과 함께 삼면에서 포위하며 공격했다. 이에 맞서는 유고슬라비아군은 숫자로는 100만 대군이었으나 장비 면에서는 독일군의 적수가 되지 못했다. 엎친 데 덮친 격으로 북서쪽의 크로아티아는 독일 침공 나흘 후인 4월 10일에 독립국임을 선언하며 침략군 편에 붙은 상황이었다. 질풍노도와 같이 전진하는 독일군 앞에서 유고슬라비아군은 거의 저항도 하지 못하고 속절없이 무너지고 있었다. 결국 유고슬라비아는 개전 11일 만인 4월 17일에 항복했고, 국왕인 페타르 2세가 그리스를 거쳐 영국으로 탈출한 것이 유일한 위안이라 할 정도로 처참한 패배를 겪었다.

드라자 미하일로비치 대령은 독일군 침공 당시 유고슬라비아 제2군의 작전참모장으로 사라예보 인근에 주둔하고 있었다. 그는 진격하는 적을 막으려고 나름 노력했지만 대세가 결정된 상황에서 그가 할 수 있는 일은 아무것도 없었다. 비록 상부는 공식적으로 항복했지만 미하일로비치는 이를 거부하고 소수의 부하들과 함께 서부 세르비아의 산악지대로 이동했다. 세르비아의 선조들이 그러했듯이 발칸반도의 험준한 지형을 무기로 삼아 본격적인 게릴라전을 시작한 것이다.

체트니크 활동 및 티토와의 갈등

미하일로비치는 1941년 5월에 중부 세르비아 고원지대의 라브나 고라에서 '체트니크(Četnik)'를 조직했다. 체트니크의 역사는 18세기 오스만 제국의 점령 시절까지 거슬러 올라간다. 체트니크란 말은 원래는 터키어에서 유래한 단어로 '싸워서 말살하다'라는 뜻이었는데, 오스만 제국에 대항하는 발칸 지역의 저항세력을 통칭했다. 하지만 시간이 흐르면서 자신의 고향을 지키기 위해 외세에 저항하는 세르비아 민족주의자들을 일컫는 용어로 쓰이게 되었다. 사실 1차 대전 중에도 전술한 '알바니아 골고다' 이후 적진에 남겨진 많은 세르비아

미하일로비치와 그가 이끄는 체트니크 부대원들.

인들이 자신의 마을을 거점으로 별도의 체트니크를 조직하여 오스트리아-헝가리와 불가리아 군대에 저항하기도 했다.

미하일로비치의 체트니크는 당시 유고슬라비아에 있던 거의 유일한 대독 저항세력이었고, 주변으로부터 점점 더 많은 자원자가 모이기 시작했다. 그의 조직 운영 방침은 연합군이 다시 돌아올 때를 기다리며 은밀하지만 충실하게 조직을 충원하고 준비하는 것이었다. 독일군과의 직접 대결 시 예상되는 대규모 보복(독일군은 자국 군인 사망자 한 명당 백 명의 세르비아인을 처형하겠다고 공언했다)을 피하고 훗날을 도모하는 것이 그의 주요 계획이었다. 미하일로비치는 자국 내 유일한 대독 저항세력의 수장으로서 유고슬라비아 망명정부 및 영국과의 접

　　　　　　　　　　　　　5장 민족주의 투쟁가

티토(앞줄 오른쪽)와 유고슬라비아 파르티잔 지휘부.

촉을 시도하여 긍정적인 반응을 이끌어냈다. 그는 독일군이 지배하는 유럽에서 연합군 측에 무선을 타전한 최초의 부대급 지휘관으로 인정받았다.

1941년 6월 22일, 독일은 그 종말의 시발점이 되는 소련 침공을 감행했다. 이는 지금까진 소련의 통제 아래 비교적 조용히 지냈던 좌익 및 공산주의 계열이 반독 항쟁에 적극적으로 동참하리란 것을 뜻했다. 7월과 8월 중 요시프 브로즈 티토(Josip Broz Tito, 1892~1980)가 이끄는 유고슬라비아 공산당(파르티잔)과 체트니크가 추축군 시설 및 부대를 공격했다. 일부 공격은 매우 성공적이어서 일시적으로 몇 개의 도시를 해방시키기도 했고 수백 명의 독일군 포로를 사로잡았다.

이런 가운데 연합 작전에 대한 목소리가 높아졌고 미하일로비치는 체트니크와 파르티잔 사이의 공동 작전을 논의하기 위해 9월 중순에 티토와 만났다. 하지만 티토는 미하일로비치가 택한 신중한 대응보다는 독일 및 그 동맹군에 대한 즉각적인 사보타지와 광범위한 공격을 포함하는 적극적 방식을 선호했다. 이러한 투쟁 방식의 차이와 더불어 확연히 다른 그들의 이념이 불신의 늪을 깊게 했다. 그들은 대독 투쟁 자체에 대해서는 동의했지만 둘 사이에는 주도권을 잡기 위한 보이지 않는 긴장감이 맴돌았고 모임은 특별한 결론 없이 종료되었다. 유고슬라비아 왕정복고 및 세르비아 민족주의를 표방하는 미하일로비치와 사회주의 연방국가 수립을 목표로 하는 티토는 처음부터 물과 기름 같은 존재였다.

이 시점부터 미하일로비치의 행동이 애매해지기 시작했다. 10월 말 티토와의 2차 회동 이후 은밀히 친독 괴뢰정부인 밀란 네디치의 세르비아 구국정부와 연락을 취하기 시작한 것이다. 동시에 공산당 측의 무기 제조 및 보급을 막기 위해 우지체의 소총 제조 시설을 급습했는데, 그 성과는 미미했다. 하지만 이를 통해 양측의 본격적인 충돌이 표면화하기 시작했다.

한편 이러한 사실을 명확히 인지하지 못한 서방 세계에서 미하일로비치는 대독 투쟁의 영웅으로 묘사되었다. 그는 미국 시사 주간지 《타임》의 1942년 5월 25일자 표지를 장식하기도 했다. 또한 유고슬라비아 망명정부는 1942년 6월에 미하일로비치를 '유고슬라비아 본토군 총사령관'으로 임명했는데 이때가 대독 투사이자 세르비아 민족주의자로서 그의 인생의 정점이었을 것이다.

1942년 5월 25일자
《타임》지의 표지에 등장한
미하일로비치.

연합군과의 단절

체트니크와 공산당이 갈라서기 시작하면서 유고슬라비아 내의 역
학 구도는 더욱 복잡해졌다. 우선 독일 및 이탈리아 점령군, 이에 동
조하는 크로아티아 독립국(추축국 영향하의 괴뢰국)과 세르비아 구국정
부가 있었다. 이에 대척점으로 티토의 공산당이 있었고, 미하일로비
치의 체트니크는 추축국 측과 은밀하게 간헐적으로 교류하는 동시에
세르비아인을 학살하는 크로아티아 독립국, 그리고 이념적으로 대립
하는 공산당에는 적극적으로 대항했다. 유고슬라비아는 이러한 3각

구도가 형성되었고 사실상의 내전을 벌이고 있었다(2차 대전 당시의 이러한 상황이 훗날 유고슬라비아 내전의 또 다른 기원이다). 한편 공산당 측은 두 가지 이유로 사람들의 지지를 더 받았다. 우선 자기편이면 국적 및 민족을 가리지 않고 받아들였고, 침략자인 추축국을 확실한 적으로 인식하여 피아를 분명히 했다.

연합국 역시 체트니크를 의심의 눈초리로 지켜보고 있었는데, 실제로 1942년 가을 이후 몇몇 체트니크 분견대들이 이탈리아군과 협력하여 음식 및 무기를 제공받기도 했다. 이는 양자의 입장이 맞아떨어진 경우로 이탈리아군은 전투로 인한 자국 병사의 희생을 줄일 수 있었고, 체트니크는 무기와 식량을 비축하여 향후 연합군이 발칸반도에 진공할 때 적극적인 역할을 할 수 있으리라 생각했다.

더불어 체트니크가 유고슬라비아 내 다른 민족을 상대로 학살을 벌이고 있는 것도 영국의 심기를 불편하게 했다. 사실 체트니크는 파르티잔, 그리고 크로아티아 독립국의 파시즘 단체인 우스타샤에 대해 엄청난 혐오를 품고 있었고 이들과 이들을 지원하는 보스니아 무슬림까지 가차 없이 학살했다. 이것은 우스타샤 및 파르티잔 측도 마찬가지였는데, 특히 우스타샤는 세르비아인 약 70만 명을 살해한 것으로 알려져 있다. 잔인한 독일군조차도 유고슬라비아인들이 같은 나라 사람들을 상대로 저지르는 학살에 전율했다고 하는데, 많은 경우 총알을 아끼려고 곤봉이나 개머리판으로 죽을 때까지 희생자를 구타했다고 한다.

1942년 후반 이후 연합군 측의 유고슬라비아에 대한 입장은 조금씩 변하고 있었다. 우선 대독 투쟁에 있어 티토의 파르티잔이 가장 적극적으로 성과를 올리고 있었고, 체트니크는 조직이 불안정했을 뿐만 아니라 특유의 모호한 입장을 고수하여 적인지 아군이지 알기 어려운 표리부동한 상대로 인식되었다. 1943년 초 영국 특수작전국(Special Operations Executive, SOE)은 총리인 처칠에게 체트니크가 이탈리아군과 협력하고 있다고 보고했다. 더불어 1943년 2월에는 체트니크에 파견되어 있던 영국군 특수작전국 소속 스탠리 베일리 대령이 체트니크의 주적이 독일군, 이탈리아군이 아닌 파르티잔과 크로아티아 독립국이라고 보고했다. 영국 정부는 유고슬라비아 망명정부에 공식 항의했고 점차 티토의 유고슬라비아 공산당 쪽에 우호적인 태도를 취하게 되었다.

영웅과 배신자 사이

1943년 12월, 영국군은 미하일로비치에게 추축군에 대한 사보타지 및 공격을 요청하는 거의 최후통첩 수준의 메시지를 보냈다. 하지만 이에 체트니크는 어떠한 대응도 하지 않았으며 결국 영국은 1944년 봄에 자국 연락사무소 인원들을 철수시켰다. 이 시점에서 사실상 체트니크와 영국의 협력 관계는 끝났다고 보아도 무방했다.

대신 1944년 7월에 미하일로비치는 미국의 전략사무국과의 협력을 모색하고 이들에 대한 최대한의 지원을 약속했다. 그 결과 체트니크는 유고슬라비아 상공에서 격추된 연합군 항공기 승무원 수백 명을 구해냈다. 하지만 이러한 일련의 행동들은 너무 늦은 감이 있었고 결국 1944년 8월 미하일로비치는 유고슬라비아 본토군 사령관 자리에서 해임되었다. 그리고 9월 12일에 국왕인 페타르 2세가 티토의 유고슬라비아 해방군을 중심으로 단결하라는 메시지를 보내며 미하일

유고슬라비아에서 구조된 연합군 파일럿들과 함께 사진을 찍은 미하일로비치(가운데).

로비치의 리더십에 치명타를 날렸다.

9월이 되자 소련군이 불가리아 등지를 통해 유고슬라비아 국경까지 진출했다. 미하일로비치는 전진하는 소련군에게 전령을 보내 협조 의사를 밝혔지만 그의 부하들은 도리어 소련 측에 체포되고 말았다. 1945년 4월이 되자 체트니크는 온 사방에 적을 둔 천덕꾸러기 신세가 되었다. 보스니아와 세르비아의 산악지대를 전전하며 후퇴하는 동안 부하들도 하나둘 탈영하고 종국에는 불과 1000여 명의 지치고 초라한 인원만 남게 되었다. 독일의 항복 이후에도 미하일로비치는 계속 도피를 이어갔으나 결국 1946년 4월 13일 체포되었다.

재판에 세워진 미하일로비치는 '독일과의 협력으로 조국을 배신한 죄', '인류에 대한 전쟁 범죄', '파르티잔에 대한 공격' 등의 혐의로 기소되어 사형을 선고받았다. 그가 구해준 연합군 항공기 승무원들에 대한 증인 신청은 기각되었다. 총 24명이 기소되었고 미하일로비치는 1946년 7월 15일에 다른 9명의 체트니크 출신 인사들과 함께 총살형에 처해졌다.

미하일로비치는 처형되기 직전까지 프랑스의 작가 스탕달의 소설인 《파르마의 수도원》을 읽고 있었다고 한다. 나폴레옹 편에 서서 싸우고 다양한 세파를 겪다 몰락하는 주인공에게 자신의 모습을 투영했는지도 모른다. 그리고 '드라자 미하일로비치'라는 이름은 티토를 수반으로 하는 유고슬라비아 사회주의연방공화국에서는 금기어가 되었다.

미하일로비치의 이름이 다시 등장한 것은 유고슬라비아 연방이 해체된 1992년 이후였다. 유고슬라비아 연방은 민족과 종교에 따라 여러 개의 나라로 분쟁을 겪으며 갈라졌고, 세르비아 또한 다시 주권국으로 독립하게 되었다. 하지만 민족과 종교가 매우 복잡하게 얽힌 유고슬라비아에서 그 과정은 결코 순탄하지 않았다. 과거와 마찬가지로 세르비아와 크로아티아라는 큰 민족 집단이 있었고, 보스니아의 이슬람교도들과 같은 소수민족들도 있었다. 이들은 역사와 종교 등의 이유로 서로를 증오했는데 이러한 증오가 가장 크게 표출된 곳이 보스니아-헤르체고비나의 스레브니차로, 1995년 7월에 8000명이 넘는 이슬람교도들이 세르비아 민병대에 의해 학살당했다. 발칸반도에서 다시 한번 2차 대전의 악몽이 재현되는 순간이었다.

이러한 과정을 통해 세르비아 민족주의가 대두하고 세르비아라는

세르비아 니시의 한 공원에
서 있는 미하일로비치의 흉상.

국가가 탄생하자 미하일로비치 또한 재평가를 받게 되었다. 2015년
세르비아 고등법원은 미하일로비치에 대한 1946년의 판결을 뒤집고
그를 복권시켰다. 이후 세르비아 및 보스니아의 세르비아계 거주 지
역 등 여러 곳에 그를 추모하는 기념비들이 세워졌다. 이러한 가운데
앞서 밝힌 비엘리나의 사례와 같은 논란이 곳곳에서 일었다. 보스니
아의 도시인 비엘리나에 그의 흉상 및 기념물이 세워질 수 있었던 데
에는 그곳 주민의 80%가 세르비아계라는 배경이 있었다.

오늘날 세르비아에서 미하일로비치는 대(大) 세르비아주의를 앞세

5장 민족주의 투쟁가

워 조국의 생존과 부흥을 꾀했지만 2차 대전이라는 최악의 국제 정세와 파르티잔과의 대립 등 국내 정치의 요소가 뒤섞여 처형된 '억울한 희생자'로 평가받고 있다. 하지만 주변국인 크로아티아와 보스니아에서 그에 대한 평가는 여전히 논란의 여지가 많으며, 각국이 존재하는 한 이러한 논란은 결코 끝나지 않을 것으로 보인다.

영웅과 배신자의 차이는 우리가 생각하는 것보다 훨씬 작을 수도 있다.

영웅과 악마의
경계에 있던 사나이

스테판 반데라

STEPAN BANDERA
(1909~1959)
우크라이나의 독립운동가, 정치가

2022년 7월 1일 독일 베를린에 위치한 이스라엘 대사관에서 한 통의 항의문이 발표되었다. 당시 독일과 이스라엘의 외교 관계에는 별다른 문제가 없었고, 이스라엘의 불만은 러시아와 전쟁 중인 우크라이나를 향해 있었다. 정확히 말하자면 그 항의는 우크라이나의 주독 대사인 안드리 멜닉을 향한 것으로 그가 며칠 전 독일 언론과 했던 인터뷰와 관련이 있었다. 멜닉 대사는 6월 29일에 독일의 인터넷 언론인인 틸로 융과 자국의 전쟁과 관련한 인터뷰를 진행했는데 여기서 '한 우크라이나인'을 옹호하는 발언을 했다.

문제는 그 우크라이나인이 2차 대전 중 나치와 협력했으며 수많은 유대인과 폴란드인의 학살에 관련이 있다고 여겨지는 인물이었던 것이다. 홀로코스트의 피해자인 이스라엘 측은 즉시 멜닉 대사의 인터뷰에 강하게 항의했고 폴란드 외무부 역시 강경한 어조로 대사를 비난했다. 러시아와의 전쟁에서 서방과 이스라엘의 지원이 절실했던 우크라이나는 즉시 멜닉 대사의 발언이 그의 개인적인 견해일 뿐이라고 선을 그었다. 더불어 일주일 후에는 멜닉 대사가 7년 동안 수행했던 독일 대사직을 그만두고 본국으로 귀임할 것이라고 발표하였다. 우크라이나 외무부는 정기적인 인사라고 밝혔지만 이를 곧이 믿는 사람은 아무도 없었다.

도대체 이 우크라이나인이 어느 정도의 인물이었기에 외교관의 인터뷰 하나만으로 여러 나라에 이러한 풍파를 일으킨 것일까?

우크라이나 독립의 좌절

우크라이나라는 나라는 동유럽 한가운데 있는 위치에서 유추할 수 있듯이 주변의 많은 민족과 국가들의 상호작용을 통해 그 정체성을 형성해 왔다. 러시아 역사의 시초라고 할 수 있는 키예프 루스의 중심지가 바로 우크라이나의 수도 키이우(러시아어로 키예프)였고, 이후 몽골과 크림칸국의 지배를 통해 아시아의 영향을 강하게 받기도 하였다. 동시에 서쪽의 폴란드나 독일 기사단의 공격을 당하기도 했고 근세 이후로는 영역의 일부가 강력한 오스만 제국이나 오스트리아-헝가리 제국에 속해 있을 때도 있었다. 이렇게 험난한 역사의 여정을 거치면서 서양과 동양의 다양한 요소들이 어우러진 우크라이나만의 독특한 정체성이 만들어진 것이다.

스테판 반데라는 1909년 1월 1일에 현재 우크라이나의 서쪽 국경에 위치한 동부 갈리치아의 스타리우 흐리니우에서 태어났다. 당시 그의 고향은 오스트리아-헝가리 제국의 영토였는데 오스트리아의 입장에서 이곳은 우크라이나인이 다수이고 소수의 폴란드인, 유대인 등이 뒤섞여 사는 변방의 작은 마을에 불과했다. 하지만 이 작은 마을은 과거 17세기 우크라이나의 민족 영웅인 흐멜니츠키(지금도 우크라이나의 수도 키이우 한가운데에 그의 기마상이 서 있다)의 대(對)폴란드 봉기에 적극 가담하는 등 우크라이나로서의 자부심과 정체성을 강하게 가진 곳이었다.

반데라의 아버지는 동방가톨릭교회의 성직자인 동시에 열렬한 우크라이나 민족주의자였다(교파에 따라 다르지만 동방가톨릭교회는 대부분 성직자의 결혼을 용인하고 있다). 어린 반데라는 이런 아버지 아래 경건하고 보수적인 집안 분위기 속에서 성장하게 된다. 아버지의 형제들도 모두 민족주의자들이었는데 반데라는 성장 과정에서 우크라이나의 독립에 대한 여러 서적과 팸플릿도 접하게 되면서 자연스럽게 우크

1918년 3월 키이우의 성 미하일 수도원 앞에 선 우크라이나 인민공화국 군인들.

라이나 민족으로서의 정체성에 눈뜨게 되었다.

　1918년 1차 대전이 끝나자 우크라이나는 새로운 역사의 전기를 맞게 되었다. 기존의 맹주였던 오스트리아-헝가리 제국은 해체되고, 러시아도 혁명과 더불어 내전의 수렁에 빠졌던 것이다. 독립을 위한 천재일우의 기회를 잡기 위해 우크라이나인들은 즉시 행동했고 반데라의 고향이 있던 갈리치아에서 1918년 11월에 르비우(러시아어로 리보프, 폴란드어로 르부프)를 수도로 서우크라이나 인민공화국을 수립했다. 그리고 두 달 후인 1919년 1월에 동쪽에 위치한 우크라이나 인민공화국과 합병하였는데, 이 '신생 우크라이나'의 사방은 적들로 가득했다. 우선 혁명 후 세력을 넓히고 있는 볼셰비키 세력과 이들에 동조하는 무정부주의자들이 있었고, 우크라이나에 잔존한 독일군과 오스트리아-헝가리 제국군도 위협적인 세력이었다. 더불어 러시아 백군과 신생 폴란드 공화국군까지 있었는데 이들 모두가 서로를 위협하는 가운데 실타래와 같이 얽혀 있었다.

특히 폴란드는 자국민들이 동부 갈리치아에 많이 거주하고 있다는 점을 들어 이곳을 노리고 있었고, 즉시 우크라이나와 충돌하게 된다. 이 와중에 반데라의 아버지는 우크라이나군의 군목으로 참전하였고, 신생 조국의 독립을 위해 다른 수많은 우크라이나인과 마찬가지로 열정적으로 직무를 수행했다. 한편 수차례 강대국에 분할당한 비운의 역사를 기억하는 폴란드 역시 어느 나라 못지않게 독립에 대한 열망이 강했고, 절대 이를 포기할 생각이 없었다.

1918년 11월부터 1919년 7월까지 8개월간 전개된 신생국 간의 비장한 전쟁은 르비우를 중심으로 일진일퇴를 거듭했다. 하지만 시간이 흐를수록 전황은 주변의 루마니아, 헝가리 및 강대국 프랑스의 지원을 받은 폴란드에 유리하게 전개되었고 결국 우크라이나는 패전하고 말았다. 이후 우크라이나의 중부와 동부는 '우크라이나 사회주의 공화국'으로 소련에 속하게 되었고 반데라의 고향인 서부(동부 갈리치아)는 폴란드의 땅이 되었다. 독립 우크라이나의 염원은 허무하게 좌절되었다.

반(反)폴란드 투쟁의 선봉에서

폴란드와의 전쟁 중에 반데라 가족은 전쟁을 피해 이곳저곳을 옮겨 다녀야 했고, 그의 어머니는 피난길의 후유증으로 1922년에 사망했다. 폴란드군을 피해 도망갔던 아버지는 다시 고향으로 돌아와 사제가 되었고 반데라는 인근 도시인 스티리의 김나지움에서 수학했다. 그는 1927년 졸업 후 인근 체코슬로바키아에 있는 고등기술학교로 유학을 가려 했으나 그의 집안 배경과 정치적 성향을 우려한 당국이 여권 발급을 거부했다. 2등 시민으로서 울분을 삼키고 있던 반데라는 르부프 공과대학에 진학해 농업을 전공했고 이곳에서 비슷한 처지의 여러 우크라이나인들을 만나게 되었다.

1920년대 이후 폴란드 정부는 갈리치아에서 '폴란드화 정책'을 강화하게 된다. 우선 폴란드 독립전쟁의 참전용사들이 이곳의 '기름진 땅'을 차지하게 되었다. 많은 동방정교회 성당들이 가톨릭 성당으로 변해갔으며 관공서에서는 우크라이나어 사용이 금지되었다. 이러한 정책들 하나하나가 갈리치아의 우크라이나인들에게 폴란드에 대한 증오심을 증폭시키는 계기가 되었다. 우크라이나는 사실상 폴란드라는 나라 안의 반(半)식민지가 되었다.

분노한 우크라이나인들의 해결책은 무장 투쟁이었고, 독립전쟁에도 참전했던 예우헨 코노발레츠(Yevhen Konovalets, 1891~1938)를 중심으로 1929년에 우크라이나 민족주의자 기구(Orhanizatsiya Ukrayins'kykh Natsionalistiv, 이후 OUN으로 표기)를 탄생시키며 본격적인 저항의 길로 들어섰다. 주로 우크라이나 독립 투쟁의 참전용사들과 혈기 왕성한 청년들로 구성된 OUN은 반(反)폴란드, 반(反)소련 및 반(反)유대주의를 표방했고 우크라이나의 독립을 목표로 무장투쟁을 추구하였다. 열렬한 우크라이나 민족주의자로서 반데라도 OUN에 가입하게 되었고, 불과 20살의 젊은 나이였지만 활발한 지하 출판물의 유통을 위해 유럽 각지를 종횡무진 이동하며 조직의 주목을 받게 된다.

1920년대 르비우에서 행진하는 폴란드군 기병대.

1930년이 되자 폴란드 정부는 자국 내 우크라이나인과의 관계 개선을 위한 관용 정책을 추진했고, 이것은 많은 온건파 우크라이나인들의 주목을 받았다. 하지만 우크라이나의 독립을 절대 목표로 하는 OUN에게 이러한 유화책은 한갓 '사탕발림'일 뿐이었다. OUN은 7월부터 갈리치아 일대에서 대대적인 사보타지와 저항운동을 펼쳤고 지역 관공서에 대한 방화 및 공격을 이어갔다. 폴란드 정부는 이를 방관하지 않았고 9월부터 '정화 작업'이라는 미명하에 경찰 및 군대를 투입해 우크라이나인들에 대한 대대적인 가택 수색, 체포 및 약탈을 자행했다. 11월이 되자 '정화 작업'은 완료되었지만 폴란드와 우크라이나 두 민족 사이의 증오는 걷잡을 수 없이 커지게 되었다.

반데라는 이러한 과정에서 OUN의 활동에 적극적으로 참여했고 1931년에는 22세의 나이로 선전부서의 수장 자리에 올랐다. 1933년 중반에는 OUN의 갈리치아 지역 지도자가 되어 핵심 지도자로서 국내외적으로 명성을 떨치게 되었다. 반데라는 활동을 위해 비밀리에 주변국들의 국경을 넘거나 암살 미수 사건 등에 연루되기도 하였고 수차례 체포와 석방을 반복했다.

그런 중 1934년 6월에 바르샤바 중심가에서 폴란드 내무장관이자 정화 작업의 책임자였던 브로니스와프 피에라츠키(Bronisław Pieracki, 1895~1934)가 암살되는 사건이 일어났다. 범인은 OUN 소속의 급진파 학생이었는데 곧장 해외로 도망쳤고 사건 전후로 반데라를 비롯한 OUN 간부들과 800명 이상의 우크라이나인들이 대대적으로 체포되었다. 반데라는 암살 기획 및 가담 혐의로 폴란드 당국의 강도 높은 심문을 받았는데 1년 반 동안 발에 족쇄를 찬 채 독방에 감금되었다.

1936년 1월의 재판에서 그는 동료인 미콜라 레베드 등과 함께 사형을 선고받았다. 이러한 법원의 판결에 반데라는 "우크라이나에게 영광을!"이라고 외치며 결연한 반응을 보였다 전하며, 국제적인 관심을 받기 시작했다. 반데라는 5개월 후 르비우에서 열린 재판에서 종신형으로 감형받았는데 즉시 폴란드 중부 키엘체에 있는 열악한 교도소에 수감되었고 이후 동부 브레스트로 이송되었다. 이곳에서 전쟁은 그의 운명을 통째로 바꿔버린다. 1939년 9월의 일이었다.

나치와의 협력

폴란드를 침공한 나치는 공군의 지원을 받는 육군의 전격전을 통

폴란드를 분할 점령한 후 브레스트에서 만난 독일군과 소련군(1939년).

해 폴란드군을 궤멸시켰고, 브레스트는 9월 13일에 점령되었다. '폴란드의 적'으로서 종신형을 선고받고 수감 중이던 반데라는 또 다른 '폴란드의 적'인 나치에 의해 즉시 석방되었다(반데라 본인은 탈출했다고 주장한다). 브레스트가 불과 며칠 후 동쪽에서 쳐들어 온 소련군에게 넘겨졌다는 사실을 감안하면 그의 석방은 시기적으로 무척이나 극적인 것이었다.

반데라는 우크라이나 독립이라는 목표를 위해 동료들과 연락을 시도했고 제반 상황과 OUN의 전략을 재점검했다. 폴란드라는 기존의 적은 나치에 의해 사라지고 서부 우크라이나 및 동부 폴란드는 소련군에 넘어갔다. 게다가 표면적으로 나치와 소련은 불가침 조약을 맺

　　　　　　　　　　　　　　　　　　　　　5장 민족주의 투쟁가

은 우방인 상황이었다. 외견상 우크라이나 독립을 목표로 하는 반데라가 설 자리는 없어 보였지만 소련과의 협력을 '적과의 동침'이라는 전략적인 관점에서 보았던 나치에게 반공, 반소를 기치로 내건 반데라는 미래의 유용한 도구였다. 독일의 대외정보국은 나치 집권 이전인 1920년대부터 폴란드라는 공동의 적에 대항하기 위해 우크라이나 저항단체에 자금을 지원한 바 있었고, 폴란드가 멸망한 이후에도 반데라와 지속적인 접촉을 유지하였다.

한편 OUN의 지휘부 내에서는 미묘한 기류가 흐르기 시작했는데 당시 지도자였던 안드리 멜닉(Andriy Melnyk, 1890~1964)과 반데라 사이에 의견 차이가 점점 커지고 있었다. 양쪽 모두 우크라이나의 독립이라는 궁극의 목표에는 이견이 없었다. 하지만 많은 우크라이나인들의 희생을 경험한 독립전쟁의 노장 멜닉은 보다 신중한 입장이었고 이제 막 출옥한 젊은 반데라는 즉각적인 투쟁을 주장했다.

역사를 보면 강경파와 온건파가 대립할 때는 강경파의 입지가 우세해지는 경우가 많은데 이때 역시 그러하였다. 많은 OUN 멤버들이 멜닉 대신 반데라를 선택한 것이었다. 이렇게 반데라는 OUN 및 우크라이나 독립 투쟁의 상징으로 부상했고 본인이 꿈꾸는 우크라이나의 독립을 위해 독일과의 상호 협력과 지원을 강화하고 있었다.

독일의 다음 계획은 독소불가침 조약을 깨고 소련을 공격하는 것이었고, 이미 소련의 일부가 된 서부 우크라이나는 독일의 첫 번째 관문이 될 터였다. 얼마 전까지 폴란드 땅이었던 서부 우크라이나를 누구보다도 잘 아는 OUN 대원들은 나치에게 필요한 존재였고 이들 중 선발된 인원이 독일과 오스트리아 일대에서 교육과 훈련을 받았다. 독일군은 반데라와 멜닉 양측에 소련 내 사전 후방 교란을 위한 공작

금도 전달하였고 일부 인원은 침공 전 소련에 투입되어 작전을 수행했다. 대부분의 OUN 출신 우크라이나인들은 2개 대대로 편제되었고 나치의 소련 침공 이후 독일군의 후위 부대로서 병참선이나 전략목표의 호위와 후방 치안 유지를 담당하게 된다. 반데라는 이들이 경험을 쌓아 이후 우크라이나 정규군의 핵심으로 성장하기를 바랐지만 상황은 그의 생각대로 흘러가지 않았다.

우크라이나 독립 선언과 체포

1941년 6월 22일 소련을 침공한 독일군은 그야말로 파죽지세로 진격했다. 반데라가 석방되었던 브레스트의 요새 등 일부 거점을 제외하면 소련군은 마치 허수아비가 쓰러지듯이 맥없이 무너졌다. 이미 유럽의 지배자였던 독일군에게 이러한 진격은 또 한 번의 승리를 반복하는 당연한 수순으로 여겨지고 있었다. 이와 더불어 누구보다도 흥분했던 사람들이 있었으니 바로 반데라를 수반으로 하는 독일군 휘하의 우크라이나인들이었다. 이들은 독일군의 신속한 승리를 통해 소련이 짧은 시간 안에 무너질 것으로 보았고 독립된 조국을 세우기 위한 준비를 시작했다. 독일군이 진격하는 길에 있던 여러 우크라이나인들이 이들을 소련으로부터의 해방자로 맞이하면서 성호를 긋는 것을 보며 반데라는 더욱 확신을 굳혔을 것이다.

6월 26일 독일군 소속의 우크라이나인 대대(나이팅게일 대대)가 르비우에 입성했고 반데라는 이곳을 기반으로 '독립 우크라이나' 수립을 준비했다. 분위기가 무르익었다고 판단한 반데라는 1941년 6월 30일에 우크라이나의 독립을 선언했다. 문제는 독립 선언이 독일과 사전

1941년 6월 르비우에 입성하는 독일군.

조율된 것이 아닌 반데라의 일방적인 결정이라는 점이었다.

독립 우크라이나의 총리로 임명된 야로슬라우 스테츠코(Yaroslav Stetsko, 1912~1986)가 라디오로 발표한 선언문에는 독일과의 협력과 그 지도자인 히틀러를 찬양하는 내용까지 포함되었다. 많은 우크라이나인들은 당연히 독일과 사전 조율이 된 것으로 생각했고 자신들의 독립을 기뻐했다. 이후 스테츠코는 히틀러는 물론 이탈리아의 무솔리니와 헝가리의 호르티 등 여러 추축국 수반들에게 우호적인 서한을 보내기까지 하였다. 하지만 뒤늦게 우크라이나의 독립 선언을 알게 된 독일 당국은 문자 그대로 경악했고 즉시 반데라를 비롯한 OUN 지도부와 행동대원들 1500명 이상을 체포하기 시작했다.

반데라는 스테츠코와 함께 베를린으로 압송되었고 가택 연금 상태로 지내게 되었다. 독일의 분노는 단순히 사전에 조율을 하지 않았다는 것에서 비롯한 것이 아니었다. 독일은 처음부터 우크라이나를 독립국으로 만들 생각이 없었다. 나치의 기준에서 이들 우크라이나인들은 '인간 이하'인 열등 슬라브 민족이었고 오랫동안 가난에 허덕이던 유럽 변방의 '농노의 후손'에 지나지 않았다. 나치는 단지 현재 상황에서 승리를 위해 이들을 이용했을 뿐, 그 후에는 일소되거나 원래의 운명대로 노예로 돌아가야 할 존재로 보았던 것이다.

이후 반데라는 최종적으로 베를린 동부에 위치한 작센하우젠 강제수용소의 특수 감방으로 이송되어 수감생활을 이어나갔다. 이곳의 특수 감방은 전 오스트리아 총리인 쿠르트 슈슈니크(Kurt Schuschnigg, 1897~1977)나 폴란드 국내군 사령관 스테판 로베츠키(Stefan Rowecki, 1895~1944) 같은 거물급 인물들이 수용되었던 곳이었다. 급식도 양호했고 죄수복이 아닌 평상복을 입었으며 가족과 면회도 할 수 있었다. 그렇지만 자유가 없는 죄수 신분이라는 현실은 부인할 수 없었다. 그가 다시 석방된 것은 정세가 180도 달라져 나치 독일에게 서서히 종말이 다가오고 있던 1944년 9월이었다.

학살의 어두운 그림자

1943년 봄 폴란드와 우크라이나의 접경지인 볼히니아와 갈리치아 도처에는 피비린내가 진동하고 있었다. OUN의 반데라파에서 파생한 우크라이나 봉기군(Ukrayins'ka Povstans'ka Armiia, UPA)이 주축이 되어 지역 우크라이나인들과 함께 폴란드인들을 인종 청소 수준으로 학살하고 있었던 것이다. 희생자는 대부분 농촌 지역에 거주하는 사람들

　　　　　　　　　　　　　5장 민족주의 투쟁가

폴란드의 수도
바르샤바에 서 있는
볼히니아 학살 추모비.

이었고 많은 경우에 마을 전체가 공격의 대상이 되었다. 이러한 학살
의 배경에는 향후 우크라이나인의 수적 우세를 통해 이 지역에서 헤
게모니를 잡으려는 계산이 깔려 있었다. 그들에게 폴란드인은 소련
과 더불어 우크라이나 국가 수립에 방해가 되는 제1의 적이었고 최대
한의 피해를 입혀 이들을 서쪽으로 몰아내야 했다.

　이들의 학살 방식은 극도로 잔인했는데 대부분의 경우 총알조차
아끼기 위해 도끼, 쇠스랑 또는 낫 등의 농기구로 난도질을 하거나 마

을 사람들을 한 건물에 모아놓고 불을 질러 살해했다. 또한 여성들은 집단으로 성폭행을 당했으며 심지어 어린아이들조차 총검술의 연습 대상이 되었다. 우크라이나인과 폴란드인이 부부일 경우에도 폴란드인 배우자만 골라 죽일 정도로 이들의 증오는 통제할 수 없는 상태였다. 부근에 주둔하고 있던 독일군은 잔혹한 현실을 인지하고 있었지만 그저 개입하지 말라는 상부의 명령을 받았고 살인을 멈추기 위해 필요한 조치를 전혀 취하지 않았다. 이들에게 '열등 민족'인 폴란드인이나 우크라이나인이 서로 죽이는 것은 전혀 상관할 바가 아니었던 것이다.

상황을 보다 못한 영국의 폴란드 망명정부는 저명한 시인이자 저항운동원인 지그문트 루멜(Zygmunt Rumel, 1915~1943)을 파견해 사태를 진정시키고자 했다. 하지만 우크라이나 봉기군은 정식 폴란드 군복 차림으로 대화를 위해 찾아간 루멜과 그 일행조차 죽을 때까지 고문하는 만행을 저질렀다. 이러한 지옥 같은 풍경이 1943년 가을까지 이어졌고 그 이후에도 간간이 반복되었다. 일련의 학살과 보복 속에서 대부분이 여자와 아이들인 10만 명 이상의 폴란드인들과 1만 명 이상의 우크라이나인들이 살해당한 것으로 추산된다. 반데라는 당시 독일 수용소에 있었고 특별한 지시나 명령을 내릴 처지는 아니었다. 하지만 그를 추종하는 세력들은 반데라의 극단적인 민족주의를 내세우며 최악의 학살극을 벌였으며 희생자들에게 그의 이름은 공포의 대상이 되었다.

한편 독일군 소속의 우크라이나 대대나 경찰 부대들이 유대인 학살에 가담하기도 했는데 1941년 6월의 독일군의 르비우 진입 당시만 해도 유대인 4000여 명이 살해당하는 포그롬이 발생했다. 이러한 포그룹의 배경에는 유대인을 폴란드 지배층의 하수인으로서 자신들을 착취하는 것으로 보았던 일부 우크라이나인의 시각과 유대인과 공산주의자를 동일시한 나치의 과장된 선전이 큰 영향을 끼쳤다. 1941년 이후 폴란드 및 우크라이나 각지에서 벌어진 아인자츠그루펜(나치의 학살 전담 부대)의 대량 학살에 반데라를 추종하는 많은 우크라이나인들이 보조적인 역할로 참여하였다. 전쟁 기간 동안 우크라이나 전역에서 120만 명 이상의 유대인이 학살되었다.

전후의 행적 및 평가

1944년 9월 반데라는 수용소에서 석방되었는데, 그에게 펼쳐진 세상은 이전과는 많이 달라져 있었다. 당시 독일은 소련의 바그라티온 작전과 연합군의 노르망디 상륙으로 동서 양면에서 회복 불가능한 결정타를 맞은 직후였다. 반데라는 독일 측으로부터 우크라이나 국가위원회 대표 자리를 제안받았는데 그를 꼭두각시로 앉힌 후 조종하려는 의도가 너무나도 분명했다. 더불어 그가 과거에 주장했던 '독립 우크라이나'의 공식적 인정과 관련해 양측은 의견 차를 좁히지 못했고 협상은 결렬되었다. 이후 반데라는 독일 남부 바이에른 지역으로 이동했고, 여러 도시를 전전한 끝에 종전을 맞았다.

바이에른은 당시 미군이 점령하고 있었는데 미국 전략사무국은 소련과의 긴장이 증대되는 상황 속에 반데라의 반소 및 반공 투쟁 이력과 이제는 소련 영토에 속한 그의 출신 지역에 주목했다. 더불어 그를 추종하는 우크라이나 봉기군은 여전히 소련 영토 안에서 무장 투쟁을 이어나가는 중이었다(우크라이나인들의 대소련 투쟁은 1950년대 중반까지 계속된다). 소련은 미국 측에 반데라의 송환을 여러 차례 요구했지만 그의 가치를 높이 평가한 미국은 이를 번번이 거부하였다. 반데라는 이후 소련을 대상으로 한 정보 활동, 해외 우크라이나인들의 네트워크를 공고히 하는 작업을 활발히 전개했다.

이러한 그의 활동은 소련에게는 눈엣가시였고 반데라는 여러 차례 암살 시도의 표적이 되었다. 수차례 위기를 벗어난 그였지만 1959년 10월의 반데라는 그다지 운이 좋지 못했다. 반데라는 뮌헨 중심가에 위치한 자택 앞에서 쓰러진 채 발견되었지만 영영 깨어나지 못했는데, 부검 결과 밝혀진 사인은 시안화칼륨가스 중독이었다. 반데라를 암살한 사람은 소련 KGB의 특수 요원이었는데, 그가 2년 후 서독 측에 망명하며 사건의 전모가 드러났다. 반데라의 죽음은 러시아인이지만 우크라이나가 고향인 흐루쇼프 서기장의 의중이 반영되었다고 전한다.

험난한 시대를 살았고, 극적인 죽음을 맞은 반데라는 한동안 기억에서 지워진 인물이 되었다. 그러던 그를 다시 깨운 것은 소련의 해체와 이에 따른 우크라이나의 독립이었다. 2010년 1월 우크라이나의 빅토르 유셴코 대통령은 반데라에게 '우크라이나의 영웅'이라는 칭호를 추서하였다. 하지만 이 결정은 유대인 단체와 유럽 의회, 러시아로부터의 즉각적이고 강력한 비난에 부딪혔다. 결국 같은 해 3월에 유셴코 대통령은 반데라에 대한 본인의 결정을 철회하였다.

이후 우크라이나에서는 정권의 성향에 따라 반데라에 대한 평가가 갈리고 있다. 반데라에 대한 평가는 우크라이나 내에서도 지역에 따라 극단적으로 갈린다. 현재 르비우를 중심으로 한 서부 우크라이나 지역에서는 다수의 주민들이 반데라를 우크라이나 민족의 영웅으로

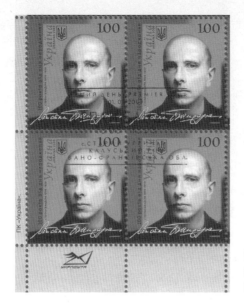

반데라 탄생 100주년을 기념해
2009년 우크라이나에서
발행된 우표.

보고 있으며, 러시아와 가까운 동부로 갈수록 부정적인 경향을 보인
다. 이러한 가운데 2022년 2월 러시아는 우크라이나를 '나치'라고 비
난하며 전쟁을 개시했는데, 얼핏 보기에는 의아한 이 상황의 배경에
는 스테판 반데라가 있다.

조국의 독립이라는 목표를 위해 모든 것을 바쳤지만 이 과정에서
주변 민족들의 희생을 살피지 못한 인물. 한 민족에게는 불굴의 영웅
이었지만 또 다른 민족에게는 극도의 공포였던 극과 극의 인물. 스테
판 반데라에 대한 역사의 평가는 아직도 진행 중이다.

에필로그

그리스와 페르시아의 고대 전쟁을 다루고 있는 영화《300》을 보면 배신자 에피알테스의 이야기가 나온다. 페르시아 대군을 막기 위해 테르모필레 협곡에서 용전을 펼치고 있던 스파르타군은 에피알테스가 페르시아군에게 샛길을 알려주는 바람에 전멸하게 된다. 그는 금전적 보상이라는 지극히 개인적인 이득을 바라고 자신의 조국을 배신했는데 그 결과는 처참했다. 레오니다스를 비롯한 스파르타의 정예 부대는 예측하지 못했던 측면 공격을 당했고 결국 비장한 최후를 맞이한다.

인류의 역사에는 이처럼 보상과 금전을 노린 배신자들의 사례가 수도 없이 등장하지만 우리가 지금까지 살펴본 변절자들은 이들과 비교하면 차이점이 있다. 우선 여러 인물들이 자신의 신념에 충실한 사람들이었다. 당시는 공산주의, 파시즘 등이 대립했던 극단의 시기였다. 이 와중에 많은 사람들이 물질적인 보상보다는 자신의 확고한 신념과 이상에 따라 행동하였다. 문제는 그러한 신념이 과연 옳은 것이었는가였는데, 잘못된 이상을 맹목적으로 추종한 결과는 대단히 파국적이었다. 그 자신이 파멸한 것은 물론 그 민족과 조국에까지 엄청난 피해를 끼쳤던 것이다. 비드쿤 크비슬링이나 레옹 드그렐의 경우가 대표적인 사례이다. 레옹 드그렐이 어느 인터뷰에서 "후회하는 것이 없나?"라는 질문에 "후회스러운 것은 바로 우리가 이기지 못한 것이다"라고 대답한 일은 이들의 생각을 그대로 보여준다.

모든 관점과 기준에서 이들은 조국의 배신자이고 지금까지도 용서받지 못한다.

물론 전술한 에피알테스와 같은 사례도 존재한다. 카렐 추르다는 자신과 가족에게 조여오는 극한의 압박, 그리고 엄청난 보상의 유혹을 이기지 못하고 결국 굴복하고 말았다. 이는 그저 몇 명의 목숨을 앗아가는 데 그치지 않고 당시 체코 내 저항세력의 근간을 흔들었다. 갈레아초 치아노는 권력의 핵심에 있으면서 그 누구보다 두체의 총애를 받았지만 이탈리아의 연이은 실패에 책임을 져야만 하는 입장이었다. 그가 장인 무솔리니의 불신임에 찬성한 것에는 다양한 해석의 여지가 있다. 하지만 추축국에 패전의 기색이 짙어지면서 이미 권력의 자리에서 밀려났던 치아노의 이러한 행동은 결국 본인의 생존을 위한 '본능적인 자기 방어'의 일환으로 보아야 할 것이다. 하임 룸코프스키는 게토 내에서 권력을 쥐어 왕과 같은 지위를 차지했지만 자신의 이익을 위한 독재적이고 가학적인 행위를 반복해 악마가 되었다. 그 악마의 말로는 다른 유대인들보다 더 처참했다.

'선과 악'이 아닌 '악과 악' 사이의 선택에서 고민을 했던 경우도 있다. 자신이 속한 곳의 문제를 분명히 인식하고 다른 쪽으로 전향했지만 그쪽 역시 자신이 속했던 곳과 별반 다르지 않았던 것이다. 이들은 철저히 양쪽으로부터 이용당했고 결국은 버림받거나 처벌받았다. 안드레이 블라소프와 발터 폰 자이틀리츠의 경우가 이에 해당한다. 조국의 배신자로 잔인하게 처형당한 블라소프와는 달리 자이틀리츠는 살아남아서 조국으로 귀환했지만 대단히 차가운 시선을 받았다. 프로이센 명문가 출신의 자존심 강한 융커에게 이러한 굴욕적인 냉대는 죽음보다도 견디기 어려웠을 것이다.

히틀러 암살을 준비한 괴르델러와 일련의 장교들은 그 용기와 기개에 있어서는 후대의 존경과 찬사를 받았으나 그 준비 및 실행에 있어서 결단력과 과단성이 부족했다. 히틀러가 폭발로 정신이 나간 직후 좀 더 신속하게 움직였다면 오늘날의 역사는 달라졌을 것이다. 하지만 그렇게 하지 못했고 '새로운 독일'을 향한 꿈은 일장춘몽이 되고 말았다. 그렇다고 소득이 전혀 없지는 않았다. 이들을 통해 연합군은 독일에도 아직은 손잡고 함께 일할 사람들이 있다는 점을 깨달았던 것이다.

가장 판단하기 어려운 사례 중 하나는 아마도 필리프 페탱이 아닐까 한다. 페탱은 '프랑스 원수'로서 사람들의 엄청난 존경을 받았고 사실 독일과의 전쟁에서 패한 이후 굳이 귀국하여 괴뢰정부 수반이라는 역할을 맡을 이유도 없었다. 그는 그런 상황에서 조국의 위신을 세우고, 나름의 지위를 보장받는 '국가로서의 프랑스'를 유지하고자 했다. 하지만 비시 정부 아래에서 벌어진 많은 체포, 감금 및 부역 행위에 대해서는 비난을 피할 수 없다. 오늘날 프랑스 사회에서도 페탱에 대한 평가는 여전히 현재진행형이다.

자신의 의지와는 전혀 상관없이 냉혹한 운명의 소용돌이에 내동댕이쳐진 사람도 있다. 개인적인 생각으로는 이러한 경우가 가장 불행한 사례로 여겨진다. 전쟁에 원치 않게 휘말려서 생각지도 못한 방식으로 적국에 협력하면서 반역자로 낙인찍힌 아이바 토구리가 그렇다. 미국과 일본이 전쟁에 돌입한 이후 그녀는 이러지도 저러지도 못하는 자신의 운명을 수도 없이 원망하였을 것이다. 전쟁 중 그녀의 행보는 그저 생존을 위한 한 개인의 투쟁으로 보아야 할 것이다.

세계 시민이었던 마를레네 디트리히는 베를린과 조국 독일을 사랑했지만 그녀의 자유분방한 영혼과 나치의 딱딱한 이데올로기는 애초에 함께할 수 없었다. 이러한 맥락에서 그녀가 할리우드와 미국을 선택한 것은 너무나도 자연스러운 결과였지만 더불어 그녀에게 마음의 짐을 지우는 선택이기도 했다. 훗날 일부 독일인들의 냉랭한 응대에도 그녀는 겉으로는 당당했지만 속으로는 큰 상처를 입었다. 이후 오랜 기간 동안 독일을 방문하지 않았다는 사실이 이를 반증한다. 하지만 이제 디트리히는 조국과 화해했으며 가장 유명하고 사랑받는 베를린 출신 배우로서 그 이름이 영원히 기억되고 있다.

당시 그들이 속한 나라로부터는 반역자 취급을 받았지만, 이후 조국의 영웅으로 등극하거나 역사적인 재평가를 받은 극적인 인물들도 있다. 찬드라 보스, 드라자 미하일로비치와 스테판 반데라가 바로 그들이다. 이들이 재평가를 받을 수 있었던 가장 중요한 요인은 결국 조국의 존재 유무이다. 자신들이 목숨을 걸고 투쟁해서 얻으려 했던 조국이 이들의 사후에 탄생한 것이었다. 시간의 차이는 있지만 독립된 조국의 존재를 통해 이들은 테러리스트 혹은 전범에서 민족의 영웅으로서 등극하게 되었다. 우리의 경우에 일제강점기를 통해 많이 접해본 사례이다. 조국이라는 존재는 그만큼 중요한 것이다.

지금까지 여러 인물들의 다양한 사연과 평가를 살펴보았다. 여기 있는 이들을 '반역과 배신'이라는 짧은 단어로 한 울타리에 넣기에는 무리인 점도 있다. 한 가지 분명한 것은 이러한 유형의 사람들은 계속해서 존재할 것이고, 이러한 일들도 계속해서 벌어질 것이란 점이다. 때로는 자신이 원치 않아도 세상이나 일련의 상황이 그러한 삶을 강요할 수도 있다. 비슷한 순간에 직면할 때 여러분은 과연 어떠한 선택을 할 것인가?

과연 누가 배신자인가?

감사의 글

코로나 시기 브라질 상파울루의 아파트에 갇혀 한동안 이동이 불가했던 시기가 있었다. 심지어 주말에조차 외부로 나갈 수 없었는데 그 답답했던 시기를 견디게 해준 것이 독서와 글쓰기였다. 가족 간에도 격리되어 방에 혼자 있던 그때 예전부터 내가 가장 좋아했던 주제들에 대해 글을 써보자는 생각이 불현듯 들었다. 그렇게 글이 하나둘 쌓여갔고 결국 책으로 결실을 맺을 수 있었다.

이 과정에서 고마운 분들이 많다. 무엇보다도 나의 미숙했던 글을 책으로 만들겠다고 결정해 주신 눌와 출판사의 김효형 대표님과 세세한 내용 감수와 제작을 함께 고민해 주신 김지수 팀장님께 감사의 말씀을 전하고 싶다. 또한 아빠가 글을 쓸 때 관심을 가지고 한 글자 한 글자 읽어가며 함께해 준 딸 지아, 늦은 밤까지 응원해 준 아내와 출간의 기쁨을 나누고 싶다.

반역자와 배신자들
제2차 세계대전 속 논란의 인물들

초판 1쇄 인쇄   2023년 9월 1일
초판 1쇄 발행   2023년 9월 8일

지은이   이준호
펴낸이   김효형
펴낸곳   (주)눌와
등록번호   1999.7.26. 제10-1795호
주소   서울시 마포구 월드컵북로16길 51, 2층
전화   02-3143-4633
팩스   02-3143-4631
페이스북   www.facebook.com/nulwabook
인스타그램   www.instagram.com/nulwa1999
블로그   blog.naver.com/nulwa
전자우편   nulwa@naver.com
편집   김선미, 김지수, 임준호
디자인   엄희란

책임편집   김지수
표지·본문 디자인 엄희란

제작진행   공간
인쇄   더블비
제본   대흥제책

※ 이 책 내용의 전부 또는 일부를 재사용하려면 반드시 저작권자와 눌와 양측의 동의를 받아야 합니다.
※ 책값은 뒤표지에 표시되어 있습니다.
※ 본 도서는 카카오임팩트의 출간 지원금을 받아 만들어졌습니다.